First edition: June 2019

Publishing by ASK Publishing Co., Ltd.
2-6, Shimomiyabi-cho, Shinjuku-ku, Tokyo 162-8558, Japan
Phone: 03-3267-6864
www.ask-books.com/

ISBN978-4-86639-232-5

Printed in Japan

つなぐ
にほんご

初級 2
ワークブック

Human

執筆 辻和子 桂美穂

ask

はじめに

　『つなぐにほんご 初級2 ワークブック』は『つなぐにほんご 初級2』の教科書に準拠したワークブックです。教科書の各課の学習項目に沿って、文法問題と聴解問題が用意されています。

　各課の新出語句は、文法問題や聴解問題中にできるだけ出てくるように問題を作成いたしました。文法問題は教科書の各パート終了後に、聴解は各課終了後に、授業や宿題などでお使いいただくことを考え、各ページを切り離して使用していただけるようにしました。

　教科書と合わせてお使いいただくことで、学習項目がより正確に理解・整理でき、定着を図ることができます。また、この本を通して目と耳を使った練習を十分にすることで、学習した語句や文型の運用能力を高めることもできます。

　教科書やワークブックと一緒にお使いいただける「Webドリル」もご用意いたしました。文字（ひらがな・カタカナ）、語彙（数字・日時・曜日・色・助数詞など）、活用（動詞・い形容詞）といった、初級には欠かせない、反復練習を必要とする項目をスマートフォンやタブレットで学習できます。空いている時間をうまく使ってご活用いただければと思います。

『つなぐにほんご 初級』全体の構成

📖 **教科書** ——— 🔊 **音声ダウンロード**

📖 **ワークブック**
ぶんぽう／ちょうかい ——— 🔊 **音声ダウンロード**

📱 **Webドリル**
・もじ ― ひらがな・カタカナ
・ごい ― 数字・日時・曜日・色・助数詞など
・かつよう ― 動詞・い形容詞

ワークブックの構成と使い方

文法はパートごと、聴解は課ごとの表裏2ページのワークシートになっており、ミシン目で切り離して使えます。

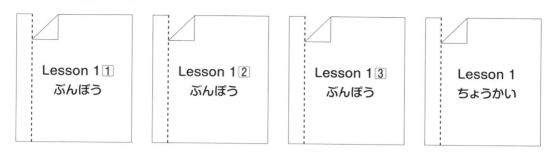

📎 文法問題

Step 1 基礎的な練習問題です。問題は教科書の学習項目に対応しています。

Step 2 実践的な練習問題です。日本語能力試験(JLPT)の出題形式と似た形式になっています。

Step 3 短文を作成する問題です。質問に対し、自分自身のことや自分の考えを書きます。

学習の習得度を測定する小ドリルとして、授業内で使うことも、宿題として使うこともできます。授業内で使う場合は、日々の授業にも学習者にも負担のないよう、10〜15分程度で終えることを目標にします。

🎧 聴解問題

問題はパートごとに分かれており、教科書の学習項目に対応しています。問題には、線で結ぶ、○×で答える、選択肢の中から選ぶ、数字や語彙を書くなど、いろいろな形式があります。課題理解、ポイント理解、発話表現、即時応答など、日本語能力試験(JLPT)の出題形式と似た形式のものもあります。

パートごとに分けて使うことも、1課分まとめて使うこともできます。1パート5分程度、フィードバックや聞き直しをしても15分程度で終えることができます。1課分まとめて使う場合は、30〜45分程度かかります。聞き取りが十分できない場合は日を変えて行うか、教科書の場面会話を軽く復習してからやり直すといいでしょう。

音声について

この本の音声はダウンロードサービスとなっています。

▶ PC をご利用の方は下記サイトよりダウンロードができます。

「つなぐにほんご」公式サイト　https://www.ask-books.com/tsunagu/

▶ スマートフォン(iPhone, Androidなど)をご利用の方はオーディオブック配信サービス「audiobook.jp」アプリよりダウンロードができます。下記サイトにアクセスし、シリアルコードを入力してダウンロードしてください。

https://audiobook.jp/exchange/ask-books

シリアルコード：　92325

右のQRコードからもアクセスできます。 ➡

Webドリルについて

Webドリルでは、授業で学んだ内容をフラッシュカードやクイズを使って復習することができます。Webドリルには、「もじ（ひらがな・カタカナ）」「ごい」「かつよう」の４つのトレーニングがあります。スマートフォンまたはタブレットで下記サイトにアクセスしてください。

「つなぐにほんご 初級」Web ドリル
https://www.ask-digital.co.jp/mobile/tsunagu/

・スマートフォンおよびタブレットに対応しています。

・画面を縦向きにして学習してください。

・日本語キーボードは利用しません。

<動作環境>　OS：iOS 12/11, Android 7.0
　　　　　　　ブラウザ：Safari, Chrome

もじ（ひらがな・カタカナ）

　ひらがな、カタカナの文字とそれを使ったことばを練習することができます。

▶もじカード（①②）

文字の形や筆順をアニメーションで確かめたあと、その文字を使ったことばをイラストや音声とともに覚える。

▶クイズ

音を聞いてその文字を答えたり、イラストを見てそのことばを答えたりする。

ごい

　数字、月日、時間、色の日本語での読み方、さらに、ものの数え方（助数詞）を練習できます。

▶かず（③）

数字を見て、その読み方を日本語で答える。

▶かぞえかた（④）

ものの種類と数を見て、それに適した単位で数を答える。

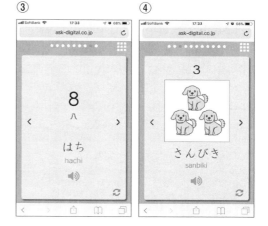

かつよう

　動詞、い形容詞の活用を授業の進捗に合わせて復習できます。

▶かつようカード（⑤）

ことばを指定の活用形に変えて答える。

▶かつようクイズ（⑥）

文型に合うように空欄に入る文字を下から選ぶ。

お問い合わせ：アスク出版 お客様センター　support@ask-digital.co.jp

Introduction

The *Tsunagu Nihongo Shokyuu 2 Waakubukku* is a workbook based on the *Tsunagu Nihongo Shokyuu 2* textbook. It features grammar and listening comprehension practice questions to go along with the study lessons from each section of the textbook.

Practice questions are designed using as many new vocabulary words from each section as possible with a focus on grammar and listening comprehension practice. Grammar practice questions are presented at the end of each part, while listening practice questions are presented at the end of each section so they can be more easily used for homework or classwork. The pages of the book are perforated so they can be easily removed and used individually.

Using this workbook together with the textbook will allow for a more accurate and organized understanding of the material well as improved acquisition. Full of visual and audio-based practice activities, this book can also help you improve your ability to practically apply the vocabulary and sentence patterns that you have learned.

There are also Web Drills available for use along with the workbook and textbook. These allow you to study all of the characters (hiragana and katakana), vocabulary words (numbers, dates, days of the week, colors, counters, etc.), conjugations (verbs and i-adjectives) beginners need to know that require repetition to learn on your smartphone or tablet device. Study with ease, even in just your spare time.

Overall Layout

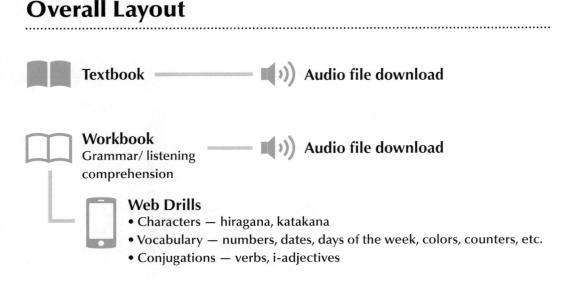

Textbook ——————— **Audio file download**

Workbook
Grammar/ listening comprehension ——————— **Audio file download**

Web Drills
• Characters — hiragana, katakana
• Vocabulary — numbers, dates, days of the week, colors, counters, etc.
• Conjugations — verbs, i-adjectives

Workbook Layout and Use

Grammar questions can be found at the end of each part, and listening comprehension questions can be found at the end of each section. There are arranged on the front and back of a single worksheet on perforated pages so it can be easily removed.

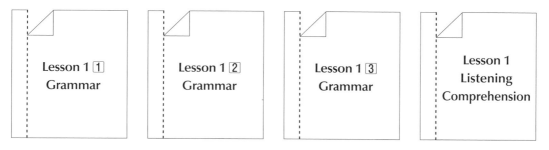

Grammar Questions

| Step 1 | Basic practice questions. These questions relate to the study lessons in the textbook. |

| Step 2 | Practical practice questions. These questions are presented in a format similar to the JLPT. |

| Step 3 | Short sentence writing questions. Learners must answer these questions with short sentences written in their own words. |

Short drills designed to gauge how well learners have grasps the study material can be used for classwork as well as homework. They are simple enough to be completed in 10 to 15 minutes so as not to overload learners during their daily classes.

Listening Comprehension Questions

Questions are divided by parts and relate to the study lessons in the textbook. Questions are presented in various formats, such as matching, yes or no, multiple choice and fill in the blank style questions. There are also question formats that are similar to those on the JLPT, such as topic comprehension, point comprehension, utterance expressions and immediate response.

Questions can be utilized by dividing them by part or by section. Each part can be completed in 5 minutes or 15 minutes if feedback and re-listenings are included. Each section takes 30 to 45 minutes to complete in total. If learners have trouble with listening skills, it is advisable to briefly review the conversation scenarios in the textbook.

About Audio Files

Accompanying audio files for this book are available for download.

▶ PC users can download the audio files from the following site:
  Tsunagu Nihongo Website   https://www.ask-books.com/tsunagu/

▶ Smartphone users (iOS, Android, etc.) can download the audio files from the audio book distribution service audiobook.jp. Access the website shown below and enter the serial code to download the files.

https://audiobook.jp/exchange/ask-books
Serial code: 92325
You can also access the site using the
QR code shown here.

About Web Drills

The Web Drills allow learners to review the material they studied in class using things like flashcards and quizzes. There are four types of Web Drills: characters (hiragana and katakana), vocabulary words and conjugations. Access them on your smartphone or tablet device at the website shown below.

Tsunagu Nihongo Shokyuu Web Drills
https://www.ask-digital.co.jp/mobile/tsunagu/

- For use on smartphones and tablet devices
- Be sure to put your screen on a vertical setting
- No need to install a Japanese language keyboard
<Recommended system requirements>
OS: iOS 12/11, Android 7.0   Browser: Safari, Chrome

Characters (hiragana and katakana)

Learn hiragana, katakana and vocabulary words that use these characters.

▶ **Character Cards (①②)**

Learn the shapes and stroke orders of characters using animations, then learn words that utilize those characters too using illustrations and audio files.

▶ **Quizzes**

Listen to audio files or look at illustrations and answer with the correct character and word.

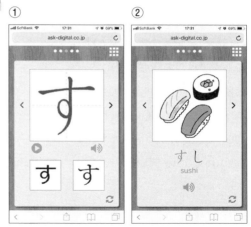

Vocabulary Words

Learn numbers, dates, times and colors in Japanese, as well as how to count items (counters).

▶ **Numbers (③)**

Look at the numbers and give their Japanese reading.

▶ **Counting (④)**

Look at the number and type of an object and give its proper number along with its counter in Japanese.

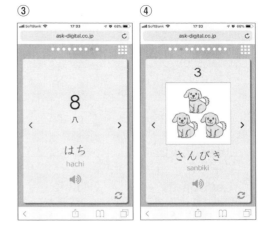

Conjugations

Review conjugations of verbs and i-adjectives as they were taught in class.

▶ **Conjugation Cards (⑤)**

Conjugate the designated word in the form that is shown below it.

▶ **Conjugation Quizzes (⑥)**

Fill in the blank with the corresponding characters provided below.

Ask Publishing Customer Support Center : support@ask-digital.co.jp

もくじ

Lesson 16 ①

STEP 1

1. 例) A：南先生はいらっしゃいますか。

じむしょの人：はい。ちょっと待ってください。

① A：明日は何時に学校へ＿＿＿＿＿＿＿＿＿＿ …… 先生：8時半に来ます。

② A：週末は何を＿＿＿＿＿＿＿＿ …… 先生：奈良へ大仏を見に行きました。

③ A：こちらのしょるいを＿＿＿＿＿＿＿＿＿ …… 課長：ええ、見ましたよ。

④ A：X社の新商品を＿＿＿＿＿＿＿＿＿ …… 課長：ええ、知っています。

⑤ A：コーヒーを＿＿＿＿＿＿＿＿＿

課長：ありがとう。おねがいします。

⑥ A：課長はどちらですか。 …… B：今、会議をして＿＿＿＿＿＿＿ます。

⑦ A：タイの料理を＿＿＿＿＿＿＿＿ことがありますか。

先生：はい。この間も食べに行きました。

⑧ A：しんこん旅行はどちらへ＿＿＿＿＿＿＿＿

先生：ハワイへ行きました。

⑨ A：新年会は来週の金曜日ですか。

B：課長が「その日は予定がある」と＿＿＿＿＿＿＿＿たので、

木曜日になりました。

2.

例) もしあのアパートのやちんが50,000円ぐらいだったら、住みたいです。

① もしパソコンが＿＿＿＿＿＿＿、勉強も仕事もとてもたいへんだと思います。

② A：こんどの試合に＿＿＿＿＿＿＿、みんなでパーティーをしよう。

B：そうだね。がんばろう。

1

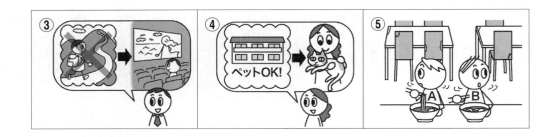

③ 明日の登山が中止に＿＿＿＿＿＿＿＿＿＿＿＿、映画を見に行こうと思っています。

④ アパートでペットをかっても＿＿＿＿＿＿＿＿＿＿、ねこがかいたいです。

⑤ Ａ：この店、おいしいね。でも、あまりきれいじゃないね。

　　Ｂ：うん。お店がもう少し＿＿＿＿＿＿＿、おきゃくさんも多くなると思うけど。

STEP 2

① 漢字を＿＿＿＿＿＿＿＿＿＿＿＿＿＿＿＿＿＿＿＿＿＿＿聞きました。

　　　　　　[先生の ／ 研究して ／ お話を ／ いらっしゃる]

② 先生：今度、ベトナムへ行くんです。

　　Ａ：そうですか。ベトナムはバイクが＿＿＿＿＿＿＿＿＿＿ください。

　　　　　　　　　　　[注意 ／ 多い ／ なさって ／ ので]

③ 入学試験に＿＿＿＿＿＿＿＿＿＿＿＿＿＿＿＿と思っています。

　　　　　　[てつだおう ／ 父の ／ おちたら ／ 仕事を]

④ Ａ：明日のひこうきは10時だから、7時に家を出ればいいね。

　　Ｂ：うん。でも、もし＿＿＿＿＿＿＿＿＿＿＿＿＿＿＿＿＿＿＿

　　　　　　[電車が ／ もう少し早く ／ たいへんだから ／ おくれたら]

　家を出よう。

STEP 3

① はじめて会った先生にどんな質問をしますか。

　……「＿＿＿＿＿＿＿＿＿＿＿＿＿＿＿＿＿＿＿」と聞きます。

② もしたからくじがあたって、1,000万円もらったら、どうしますか。

　……＿＿＿＿＿＿＿＿＿＿＿＿＿＿＿＿＿＿＿＿＿＿＿＿

Lesson 16 ②

STEP 1

1.-1　例) A：明日、会議室を<u>お使いになりますか。</u>……… 課長：はい、使います。

① A：イベントの案内を＿＿＿＿＿＿＿＿＿＿＿ ……… 社長：ええ、読みました。

② A：週末は＿＿＿＿＿＿＿＿＿＿＿＿＿＿＿ ……… 先生：ええ、出かけました。

③ 店員：たばこを＿＿＿＿＿＿＿＿＿＿＿＿＿ ……… A：いいえ、すいません。

④ A：駅までタクシーに＿＿＿＿＿＿＿＿＿＿ ……… 部長：いいえ。歩きます。

1.-2　例) A：お正月は<u>ご帰国になりますか。</u>……… B：はい、帰国します。

① A：このあと何時に＿＿＿＿＿＿＿＿＿＿ ……… 社長：そろそろ出発します。

② A：バーベキュー大会に＿＿＿＿＿＿＿＿ ……… 先生：ええ、参加します。

③ A：きのうの会議に＿＿＿＿＿＿＿＿＿＿ ……… 課長：ええ、出席しました。

④ A：明日何時ごろ説明会の会場に＿＿＿＿＿＿＿＿＿＿＿＿＿＿＿＿＿＿＿＿

部長：9時ごろ到着します。

2.　例) 今日、部長は社長と（食事➡）<u>お食事</u>を（します➡）<u>なさいます。</u>

① A：すみません。ちょっと（相談➡）＿＿＿＿＿＿＿＿＿＿があるんですが。

部長：わかりました。

② 社長の（家族➡）＿＿＿＿＿＿から会社に（電話➡）＿＿＿＿＿がありました。

③ 社長はX社からの（連絡➡）＿＿＿＿＿を（待っています➡）＿＿＿＿＿

④ A：すみません。このにもつ、おねがいします。

ゆうびんきょくの人：はい。アメリカに（送ります➡）＿＿＿＿＿んですね。

では、こちらに（名前と住所➡）＿＿＿＿＿をおねがいします。

3

3.

例) そうじの人：<u>こちら</u>は今そうじをしていますので、<u>あちら</u>にどうぞ。……… A：はい。

① A：フォークとスプーンはありますか。……… 店員：はい、＿＿＿＿＿＿＿＿＿です。

② 課長：おきゃくさまは＿＿＿＿＿＿＿＿＿に（いますか→）＿＿＿＿＿＿＿＿＿

　　A：ロビーで井上さんと（話しています→）＿＿＿＿＿＿＿＿＿＿＿＿＿＿＿

③ A：＿＿＿＿＿＿に課長はいらっしゃいますか。

　　B：いいえ。＿＿＿＿＿＿にはいらっしゃいません。

STEP 2

① おきゃくさまが＿＿＿＿＿＿＿＿＿＿＿＿＿＿＿＿＿＿＿じゅんびしました。

　　　　　　　[なる ／ あちらに ／ しりょうは ／ ごらんに]

② A：部長が午前中の＿＿＿＿＿＿＿＿＿＿＿＿＿＿＿＿＿＿＿

　　　　　　　　　[このしょるいを ／ ご欠席に ／ 会議を ／ なったので]

　　わたしていただけませんか。

　　B：はい、わかりました。

③ A：もう＿＿＿＿＿＿＿＿＿＿＿＿＿＿＿＿＿＿＿＿＿＿＿＿か。

　　　　　　　[新商品の ／ なりました ／ お聞きに ／ 説明を]

　　B：はい。とてもいい商品だと思いました。

STEP 3

① これから出かける課長に会社へもどる時間を聞くとき、何と言いますか。

　　………「課長、＿＿＿＿＿＿＿＿＿＿＿＿＿＿＿＿＿＿＿＿」と言います。

② おきゃくさまが到着する時間を知りたいです。どうりょうに何と言いますか。

　　………「おきゃくさまは＿＿＿＿＿＿＿＿＿＿＿＿＿＿＿＿＿＿」と言います。

クラス＿＿＿＿＿　名前＿＿＿＿＿＿＿＿＿＿＿　

ぶんぽう

Lesson 16 3

STEP 1

1.-1

行きます　会います　もらいます　します　います　聞きます

例) では、明日２時にそちらへ<u>うかがいます</u>。

① このしりょうの説明は私が＿＿＿＿＿＿＿＿＿＿＿

② 明日はどこにも出かけません。じむ所に＿＿＿＿＿＿＿＿＿

③ 課長に出張のご予定を＿＿＿＿＿＿＿＿＿ました。

④ このペンは課長に＿＿＿＿＿＿＿＿＿ました。

⑤ 社長のご家族に＿＿＿＿＿＿＿＿＿ことがあります。

1.-2

例) A：このケーキ、どうぞめしあがってください。

　　B：ありがとうございます。<u>いただきます</u>。

① A：どちらからいらっしゃったんですか。

　　B：中国から＿＿＿＿＿＿＿＿＿

② A：お名前は何とおっしゃいますか。

　　B：大川と＿＿＿＿＿＿＿＿＿

③ A：この写真きれいですね。

　　　ちょっと＿＿＿＿＿＿＿＿＿てもよろしいでしょうか。

　　B：どうぞ。

④ 先生：ちょっと聞きたいことがあるので、じゅぎょうのあとで、

　　　　こうし室に来てください。

　　A：はい。では、５時に＿＿＿＿＿＿＿＿＿

⑤ A：研修のしょるい、書きましたか。

　　B：はい。井上さんに書き方を教えて＿＿＿＿＿＿＿て、書きました。

5

2.

例) A：Bさん、こちらはCさんです。 ……… C：よろしくおねがいいたします。

① A：あちらはどなたですか。木下さんと話していらっしゃる方。

　 B：＿＿＿＿＿＿＿＿＿＿＿＿はY社の人事部の川名さんです。ご紹介しましょう。

② A：こんにちは。

　 B：あ、こんにちは。あれ、＿＿＿＿＿＿＿＿＿＿＿＿は…？

　 A：ああ、＿＿＿＿＿＿＿＿＿＿＿＿はクラスメイトのマリアさんです。

　 B：そうですか。はじめまして。Bともうします。

STEP 2

① 大家さんに＿＿＿＿＿＿＿＿＿＿＿＿＿＿＿＿＿＿＿＿＿＿＿＿がんばります。

　　　　　　　[いただいた ／ なので ／ アルバイト ／ 紹介して]

② A：もしもし。私、＿＿＿＿＿＿＿＿＿＿＿＿＿＿＿＿＿いらっしゃいますか。

　　　　　　　　[キムと ／ が ／ 山田さんは ／ もうします]

　 B：はい。お待ちください。

③ 研修のとき、あちらの＿＿＿＿＿＿＿＿＿＿＿＿＿＿＿＿＿＿＿＿＿＿

　　　　　　　　　[お名前を ／ 方に ／ わすれて ／ うかがいましたが]

しまいました。

STEP 3

どうりょうに自己紹介をしてください。

……… はじめまして。＿＿＿＿＿＿＿＿＿＿＿＿＿＿＿＿＿＿＿＿

　　　＿＿＿＿＿＿＿＿＿＿＿＿＿＿＿＿＿＿＿＿＿＿＿＿＿＿

Lesson 16 ④

STEP 1

1.- 1

持ちます　　しらべます　　借ります　　とります

例) 課長、そのおにもつ、<u>お持ちします</u>。

① 部長、ロッカーの上のはこ、私が＿＿＿＿＿＿＿＿＿＿＿＿＿＿＿

② 先生にN3の問題集を＿＿＿＿＿＿＿＿＿＿＿＿ました。

③ A：この商品のねだんがわからないなあ。

　店員：すぐに＿＿＿＿＿＿＿＿＿＿＿＿＿＿＿＿＿＿

1.- 2

紹介します　　用意します　　説明します　　案内します

例) 課長、Aさんをご<u>紹介します</u>。

① おきゃくさま、この商品の使い方を＿＿＿＿＿＿＿＿＿＿＿＿＿＿＿

② 支社長を会議室へ＿＿＿＿＿＿＿＿＿＿＿＿＿＿＿ました。

③ 部長：会場にパソコンがありませんよ。

　A：すみません。すぐに＿＿＿＿＿＿＿＿＿＿＿＿＿＿＿＿＿

2. 例) 試験のとき、けしゴムをわすれて、先生のを（借りました→）<u>お借りしました</u>。

① 研修＿＿＿＿＿、山田さんにメールの書き方を（教えてもらいました→）＿＿＿＿＿＿＿＿

② セミナー＿＿＿＿＿、はじめてA社の社長に（会いました→）＿＿＿＿＿＿＿＿＿＿＿

③ A社との会議＿＿＿＿＿、新商品を（見せました→）＿＿＿＿＿＿＿＿＿＿＿

3.

① A：セミナーの会場はどちらですか。

　B：＿＿＿＿＿＿＿＿＿です。ご案内します。

② A：すみません。地下鉄の駅は

　＿＿＿＿＿＿＿＿＿ですか。

　B：＿＿＿＿＿＿＿＿＿ですよ。

1.

① おじは私が＿＿＿＿＿＿＿＿＿＿＿＿＿＿＿＿＿＿＿＿＿しまった。

[小学生の ／ びょうきで ／ とき ／ なくなって]

② 課長：Y社に出張のスケジュールをへんこうしてもらいたいんだけど。

A：はい。すぐに＿＿＿＿＿＿＿＿＿＿＿＿＿＿＿＿していただきます。

[して ／ 連絡 ／ へんこう ／ 先方に]

③ ひさしぶりに＿＿＿＿＿＿＿＿＿＿＿＿＿＿＿＿＿＿＿＿＿

[先生に ／ 教えて ／ 高校生のとき ／ いただいた]

お会いしました。

2.

＿＿＿＿＿＿＿＿＿＿＿＿＿＿＿＿＿＿＿＿＿＿＿＿＿＿＿＿＿＿＿＿＿
HA社「海外旅行説明会」ご案内

本日は説明会に参加していただき、ありがとうございます。海外旅行のツアーを
みなさまにご案内します。A～Cのテーブルで（　1　）。お名前をおよびし
ますので、ロビーで（　2　）。ロビーにはお茶もご用意しました。（　3　）。
＿＿＿＿＿＿＿＿＿＿＿＿＿＿＿＿＿＿＿＿＿＿＿＿＿＿＿＿＿＿＿＿＿

（1）　1　はいけんします　　　　　　2　お話しになります

　　　3　ご説明します　　　　　　　4　ご説明になります

（2）　1　お待ちしましょう　　　　　2　お待ちになってください

　　　3　お待ちしませんか　　　　　4　お待ちになってもいいですか

（3）　1　めしあがってください　　　2　いただきましょう

　　　3　はいけんしてもいいでしょうか　4　ごらんください

① あなたはこれからおきゃくさまをお手あらいへ案内します。おきゃくさまに何と

言いますか。

………「おきゃくさま、＿＿＿＿＿＿＿＿＿＿＿＿＿＿＿＿＿＿」と言います。

② 子どものとき、楽しかったことは何ですか。

………＿＿＿＿＿＿＿＿＿＿＿＿＿＿＿＿＿＿＿＿＿＿＿＿＿＿＿＿＿＿

Lesson 16 ①

1. ◀001 a.〜c.のどれですか。

① (a. ・ b. ・ c.) ② (a. ・ b. ・ c.) ③ (a. ・ b. ・ c.)

2. ◀002 a.〜d.のどれですか。

① a. よく食べるペット
b. さんぽに連れて
行かなくてもいいペット
c. お金がかからないペット
d. かごに入れてかうペット

② a. 頭がいたかったから
b. わるいびょうきだったから
c. 歯がいたかったから
d. びょうきになったらたいへんだから

Lesson 16 ②

1. ◀003 a.〜d.のどれですか。

①

2. ◀004 a.〜c.のどれですか。

① (a. ・ b. ・ c.) ② (a. ・ b. ・ c.)

Lesson 16 ③

1. 🔊 005 a.～d.のどれですか。

① a. 今日の午前中
   きょう ごぜんちゅう

   b. 今日の午後
   きょう ごご

   c. 明日の午前中
   あした ごぜんちゅう

   d. 明日の午後
   あした ごご

② a. プレゼンテーションをした。

   b. プレゼンテーションを見た。
   み

   c. レポートを書いた。
   か

   d. 食事に連れて行った。
   しょくじ つ い

③ a. システム部ではたらく。
   ぶ

   b. 横浜支社ではたらく。
   よこはまししゃ

   c. けんしゅうをうける。

   d. 日本語学校へ行く。
   にほんごがっこう い

④ a. 日本語学校の先生
   にほんごがっこう せんせい

   b. 韓国から来た人
   かんこく き ひと

   c. レストランの店長
   てんちょう

   d. コンビニの店長
   てんちょう

2. 🔊 006 a.～c.のどれですか。

① (a. ・ b. ・ c.)   ② (a. ・ b. ・ c.)   ③ (a. ・ b. ・ c.)

Lesson 16 ④

1. 🔊 007 a.～c.のどれですか。

①    ②    ③

(a. ・ b. ・ c.)   (a. ・ b. ・ c.)   (a. ・ b. ・ c.)

2. 🔊 008 a.～d.のどれですか。

① a. けんしゅうのとき

   b. 仕事のとき
   しごと

   c. 旅行のとき
   りょこう

   d. 出張のとき
   しゅっちょう

② a. アルバイトのとき

   b. 休みのとき
   やす

   c. 食事のとき
   しょくじ

   d. 授業のとき
   じゅぎょう

Lesson 17 1

STEP 1

1.

例) ラマさんは<u>タンさんよりスケートがじょうず</u>です。

① 山本さんは＿＿＿＿＿＿＿＿＿＿＿＿＿＿＿＿＿＿＿＿＿＿＿

② スカイツリーは＿＿＿＿＿＿＿＿＿＿＿＿＿＿＿＿＿＿＿＿＿

③ 東京は＿＿＿＿＿＿＿＿＿＿＿＿＿＿＿＿＿＿＿＿＿＿＿＿＿

2.

例) 私は<u>かんじで住所を書くこと</u>ができます。

① キムさんは＿＿＿＿＿＿＿＿＿＿＿＿＿＿＿＿＿＿＿＿＿＿＿

② この車は7人＿＿＿＿＿＿＿＿＿＿＿＿＿＿＿＿＿＿＿＿＿＿＿

③ リさんは＿＿＿＿＿＿＿＿＿＿＿＿＿＿＿＿＿＿＿＿＿＿＿＿＿

3.

 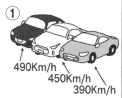 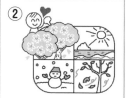 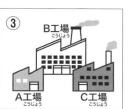

例) 日本の山の中で<u>ふじ山が一番高い</u>です。

① この3台の中でくろい車が＿＿＿＿＿＿＿＿＿＿＿＿＿＿＿＿

② きせつの中で春が＿＿＿＿＿＿＿＿＿＿＿＿＿＿＿＿＿＿＿＿

③ HA社の工場の中で＿＿＿＿＿＿＿＿＿＿＿＿＿＿＿大きいです。

1.

① 私は音楽がすきで、いろいろな楽器をひくことが（　　　　　）、ピアノはできない。

　　1　できるが　　　2　できないが　　　3　できるから　　　4　できないから

② 去年ギターをはじめて、生活は（　　　　）楽しくなった。

　　1　毎年　　　　　2　今年より　　　　3　前まで　　　　4　前より

③ A：食事に行きましょう。何がいいですか。

　　B：日本料理ならやきとり（　　　　）一番すきです。

　　1　が　　　　　　2　から　　　　　　3　で　　　　　　4　の

2.

① あねは山田さんの＿＿＿＿＿＿＿＿＿＿＿＿＿＿＿＿＿＿＿です。

　　　　　　　　　　［ せが ／ いもうとさん ／ より ／ ひくい ］

② A：あのスーパー、入り口の前に人がたくさんいますね。

　　B：あそこはこの近くの＿＿＿＿＿＿＿＿＿＿＿＿＿＿＿＿＿から、

　　　　　　　　　　　［ 安い ／ 店の ／ 一番 ／ 中で ］

　　人気があるんですよ。

③ A：Bさんはスキーをしたことがありますか。

　　B：はい。でも、＿＿＿＿＿＿＿＿＿＿＿＿＿＿＿＿＿＿＿でした。

　　　　　　　　　　［ たいへん ／ ことが　／ 止まる ／ できなくて ］

① あなたの国は日本と何がちがいますか。

　　……… 私の国は日本より＿＿＿＿＿＿＿＿＿＿＿＿＿＿＿＿＿＿＿

② あなたはおよぐことができますか。

　　………＿＿＿＿＿＿＿＿＿＿＿＿＿＿＿＿＿＿＿＿＿＿＿＿＿＿

　　そのほかにどんなスポーツをすることができますか。

　　………＿＿＿＿＿＿＿＿＿＿＿＿＿＿＿＿＿＿＿＿＿＿＿＿＿＿

Lesson 17 ②

STEP 1

1.

例) 私は夏休みに国へ帰るつもりです。

① 私は来年この大学の入学試験を＿＿＿＿＿＿＿＿＿＿＿＿＿＿＿＿

② 私はこれからあまいものを＿＿＿＿＿＿＿＿＿＿＿＿＿＿＿＿＿＿

③ 私はけっこんしたら＿＿＿＿＿＿＿＿＿＿＿＿ので、ボーナスは使いません。

2.

例) このスーパーの上でバーベキューができます。

① この食品売り場ではいろいろな食べ物の＿＿＿＿＿＿＿＿＿＿＿＿＿

② このケーキ屋はネットでクリスマスケーキの＿＿＿＿＿＿＿＿＿＿＿＿

③ 私の家はカードでやちんの＿＿＿＿＿＿＿＿＿＿＿ので、べんりです。

3.

例) 勉強しなかったのに、100点でした。

① あには先月車のめんきょを＿＿＿＿＿＿＿＿＿＿＿、運転しません。

② このひっこしのアルバイトはとても＿＿＿＿＿＿＿＿＿＿＿、時給が安いです。

③ きのう＿＿＿＿＿＿＿＿＿＿＿＿、今日は朝からとてもねむいです。

1.

① 子どもが生まれたら、かんきょうが＿＿＿＿＿＿＿＿＿＿＿＿＿＿＿＿だ。

[いい ／ つもり ／ 所に ／ ひっこす]

② A：すみません。予約したひこうきを早い時間のにへんこうしたいんですが。

くうこうの人：チケットをはいけんします。こちらは＿＿＿＿＿＿＿＿＿＿＿

＿＿＿＿＿＿＿＿＿＿＿、キャンセルして、もういちどご予約をおねがいいたします。

[へんこうが ／ チケットです ／ ので ／ できない]

③ くすりを＿＿＿＿＿＿＿＿＿＿＿＿＿＿＿、明日びょういんへ行くつもりだ。

[のに ／ ので ／ よくならない ／ 飲んだ]

2.

> 　私はかしゅになりたいと思って、子どものときからうたを習っているが、か
> しゅになるチャンスは今までなかった。今年28さいになる。まわりの友だ
> ちはけっこんしたり、仕事をしたり（　１　）、私はどくしんで、しゅうしょくも
> していない。アルバイトをしているが、りょうしんは私をしんぱいしている。
> 30さいまでにかしゅに（　２　）、アルバイトをやめて、しゅうしょくしようと
> 思っている。それまでいっしょうけんめい（　３　）。

（１）　　1　しないのに　　　　　　　2　しているのに

　　　　　3　しているので　　　　　4　したので

（２）　　1　なったから　　　　　　　2　なることができないから

　　　　　3　なることができなかったら　4　なることができるから

（３）　　1　かしゅになろうと思っている　2　仕事をさがすつもりだ

　　　　　3　がんばろうと思っていた　　4　がんばるつもりだ

① 次の週末、何をしますか。……＿＿＿＿＿＿＿＿＿＿＿＿＿＿＿つもりです。

② あなたのまちへ行ったら、どんなことができますか。

　……＿＿＿＿＿＿＿＿＿＿＿＿＿＿＿＿＿＿＿＿＿

Lesson 17 ③

STEP 1

1. **例)** このアプリで料理の作り方を<u>しらべることができます。</u>

① けいたい電話でラジオを＿＿＿＿＿＿＿＿＿＿＿＿＿＿＿

② このボールペンで書いたものはけしゴムで＿＿＿＿＿＿＿＿＿＿＿

③ A：この間、あにがインターネットで家を買ったんです。

　B：え？ インターネットで家を＿＿＿＿＿＿＿＿＿＿んですか。

2.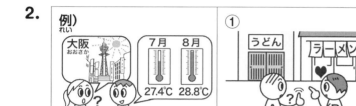

例) A：大阪は<u>7月と8月とどちらがあついですか。</u>

　B：<u>8月のほうがあついです。</u>

① A：Bさんは＿＿＿＿＿＿＿＿＿＿＿＿＿＿＿＿＿

　B：うどん＿＿＿＿＿＿＿＿＿＿＿＿＿＿＿＿＿

② A：ニューヨークと＿＿＿＿＿＿＿＿＿＿＿＿＿＿

　B：あまりかわりませんが、東京＿＿＿＿＿＿＿＿＿と思います。

3.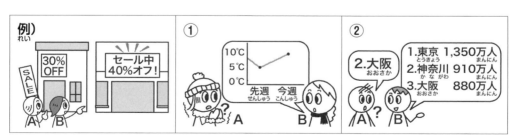

例) A：この店、安いですね。 ……… B：<u>ここよりあそこのほうが安いですよ。</u>

① A：今週はさむいですね。

　B：ええ。でも、気温は今週＿＿＿＿＿＿＿＿＿＿＿＿

② A：日本で一番人口が多いまちは東京ですね。2番目は大阪ですか。

　B：いいえ。大阪＿＿＿＿＿＿＿＿＿＿＿んですよ。

STEP 2

1.

① A：これと＿＿＿＿＿＿＿＿＿＿＿＿＿＿＿＿＿＿＿＿＿ですか。

[みかんが ／ あれと ／ あまい ／ どちらの]

店員：あまりかわりません。どちらもあまくて、おいしいですよ。

② A：今日仕事のあとでさくらホールへ行くんですが、あそこは駅から遠いですね。

B：さくらホールなら、ここから＿＿＿＿＿＿＿＿＿＿＿＿＿＿できますよ。

[こと ／ 行く ／ が ／ バスで]

2.

あなたはどこで本を買っていますか。さいきんはまちの本屋で買う人（ 1 ）インターネットで買う人（ 2 ）多くなって、まちの本屋がだんだん少なくなりました。インターネットで本を買ったら、おもい本を持って帰らなくてもいいです。それにほしいと思ったときにすぐに（ 3 ）、とてもべんりです。でも、インターネットでは本の中を見てから買うことができません。まちの本屋が少なくなることはとてもざんねんです。

（1） 1 は　　　2 と　　　3 のほうが　　　4 より

（2） 1 も　　　2 とどちらが　　　3 のほうが　　　4 より

（3） 1 買うことができて　　　2 買うことができるのに

　　　3 買いたくなるので　　　4 買ってもいいから

STEP 3

① あなたの国では10,000円で何をすることができますか。

……＿＿＿＿＿＿＿＿＿＿＿＿＿＿＿＿＿ことができます。

② 電車とバスとどちらがべんりだと思いますか。

……＿＿＿＿＿＿＿＿＿＿＿＿＿＿＿＿＿＿＿＿＿

それはどうしてですか。

……＿＿＿＿＿＿＿＿＿＿＿＿＿＿＿＿＿＿＿＿＿

16

Lesson 17 ①

1. 🔊 009 a.～c.のどれですか。

① a. 田中さん
   b. まいさん
   c. みさきさん

② a. 日本
   b. 台湾
   c. ブラジル

③ a. しょうた
   b. なおき
   c. まな

2. 🔊 010 a.～d.のどれですか。

① a. つうやくをする。
   b. ネパール語を勉強する。
   c. おきゃくさまを紹介する。
   d. 友だちに連絡する。

② a. ダイビング
   b. ゴルフ
   c. テニス
   d. ジョギング

Lesson 17 ②

1. 🔊 011 a.～d.のどれですか。

①

② a. お茶を買う。
   b. お茶を飲む。
   c. ほしいお茶を言う。
   d. お金を払ってもらう。

2. 🔊 012 a.～c.のどれですか。

①（ a. ・ b. ・ c. ）　②（ a. ・ b. ・ c. ）　③（ a. ・ b. ・ c. ）

3. 🔊 013 a.～c.のどれですか。

(a. ・ b. ・ c.)　　(a. ・ b. ・ c.)　　(a. ・ b. ・ c.)

Lesson 17 ③

1. 🔊 014 a.～c.のどれですか。

① a. おはし
　 b. フォーク
　 c. スプーン

② a. ドアのボタンをおす。
　 b. ＩＤの番号をおす。
　　　　　ばんごう
　 c. ＩＤカードをドアにあてる。

2. 🔊 015 a.～c.のどれですか。

(a. ・ b. ・ c.)　　(a. ・ b. ・ c.)　　(a. ・ b. ・ c.)

Lesson 18 ①

STEP 1

1.-1　**例)** レジでこのカードを（見せます→）<u>見せる</u>と、5%安くなります。

① 電気自転車はバッテリーを（セットします →）＿＿＿＿＿＿、のることができます。

② A：Bさんのパソコンで、ろくおんができますか。

　　B：はい、できます。ここを（クリックします→）＿＿＿＿＿＿＿＿＿＿＿＿、

　　ろくおんが始まります。

③ A：どうやってしょっけんを買うんですか。

　　B：お金を入れて、食べたいメニューをえらんで、ボタンを（おします→）＿＿＿、

　　ここから出ます。

1.-2

①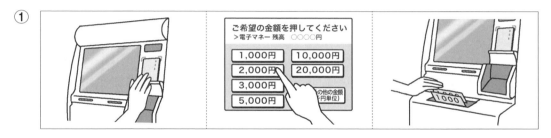

【買い物カードのチャージのし方】まず、きかいにカードをおきます。

＿＿＿＿＿＿、チャージしたいきんがくのボタンをおします。

＿＿＿＿＿＿、お金を＿＿＿＿＿＿、チャージできます。

②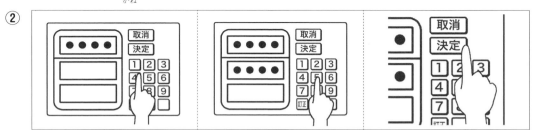

【ATMでのカードのあんしょう番号のへんこうのし方】

＿＿＿＿＿＿、ATMにカードを入れて、今の番号を入力します。

＿＿＿＿＿＿＿、へんこうしたい番号を2回入力します。

＿＿＿＿＿＿＿、「決定」ボタンを＿＿＿＿＿＿、あんしょう番号がへんこうできます。

19

2.

例) これははしの持ち方を練習するのに使います。

① これはバナナを_____

② これはホッチキスのはりを_____

③ これはけいたい電話を_____

STEP 2

1.

① ICカードをきかいにあてる（　　　　　）かいさつが開いて、駅の中に入ること
ができます。

　　1　とき　　　　2　と　　　　　3　なら　　　　4　より

② 私は毎日ストレッチするの（　　　　　）タオルを使っています。

　　1　に　　　　　2　は　　　　　3　が　　　　　4　を

2.

① このトイレは前に人が_____んです。

　　　　　　　　　　[ながれる ／ たつ ／ と ／ 水が]

② 私は漢字の_____使っています。

　　　　　[しらべる ／ 読み方を ／ アプリを ／ のに]

STEP 3

一番よく使っているアプリの名前は何ですか。………_____

それは何に使いますか。………_____

Lesson 18 ②

STEP1

1.

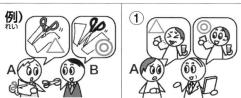  

例) A：このはさみ、<u>切りにくいです。</u>

　　B：このはさみは<u>切りやすいです</u>よ。どうぞ。

① A：先週いただいたくすり、にがくて、＿＿＿＿＿＿＿んです。

　いしゃ：じゃあ、こちらにしましょう。あまくて、＿＿＿＿＿＿と思いますよ。

② A：この席、ホワイトボードが＿＿＿＿＿＿＿ね。

　　B：うん。前のほうが＿＿＿＿＿＿＿＿＿ね。あっちにすわろう。

③ A：このしりょう、＿＿＿＿＿＿＿＿＿でしょうか。

　　課長：いいえ、わかりやすいですよ。

2.

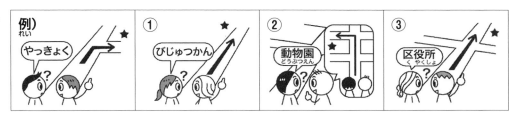

例) <u>やっきょくはあのかどを右にまがると、あります。</u>

① びじゅつかんはこの道を＿＿＿＿＿＿＿＿＿＿＿＿＿

② 動物園は2つ目のかどを＿＿＿＿＿＿＿＿＿＿＿＿＿

③ 区役所はあのこうさんてんを＿＿＿＿＿＿＿＿＿＿＿＿

④ A：すみません。この近くに病院はありませんか。

　　B：この道を＿＿＿＿＿＿＿＿、2つ目のかどを

　　　　＿＿＿＿＿＿、銀行があります。

　　　　病院は＿＿＿＿＿＿＿＿＿＿＿＿ですよ。

　　A：わかりました。ありがとうございました。

1.

① A：毎日暑くて、何も食べたくないんだ。

B：何か食べたほうがいいよ。とうふなら、つめたくて（　　　　）、いいと思うよ。

　　1　食べやすいから　　　　　2　食べやすいのに

　　3　食べにくいから　　　　　4　食べにくいのに

② あの人はいつも小さいこえで話すから、（　　　　　　）、みんなこまっている。

　　1　聞きやすくて　　　　　2　聞きやすいが

　　3　聞きにくくて　　　　　4　聞きにくいが

③ あのかどを右（　　　　　）まがると、公園がある。

　　1　を　　　　2　に　　　3　が　　　4　で

2.

① A：そのかばん、大きくていいね。

B：でも、＿＿＿＿＿＿＿＿＿＿＿＿＿＿＿＿＿＿＿＿＿＿んだ。

　　　　　[ものが ／ ファスナーが ／ 入れにくい ／ 開けにくくて]

② A：この近くに100円ショップはありませんか。

B：ありますよ。あのこうさてんを＿＿＿＿＿＿＿＿＿＿＿＿＿＿＿＿＿

　　　　　　　　　　　　[かどを ／ 右に ／ わたって ／ 2つ目の]

まがると、大きいスーパーがあります。そのスーパーの4かいです。

① あなたのまちは住みやすいですか。 ……… ＿＿＿＿＿＿＿＿＿＿＿＿＿＿＿

それはどうしてですか。 ……… ＿＿＿＿＿＿＿＿＿＿＿＿＿＿＿＿＿＿＿

② 駅／バスていからあなたの家までどうやって行きますか。行き方を教えてください。

……… ＿＿＿＿＿＿＿＿＿＿＿＿＿＿＿＿＿＿＿＿＿＿＿＿＿＿＿＿＿＿

＿＿＿＿＿＿＿＿＿＿＿＿＿＿＿＿＿＿＿＿＿＿＿＿＿＿＿＿＿＿＿＿＿

＿＿＿＿＿＿＿＿＿＿＿＿＿＿＿＿＿＿＿＿＿＿＿＿＿＿＿＿＿＿＿＿＿

Lesson 18 ③

STEP 1

1.

例）年末に旅行するつもりだし、仕事もいそがしいから、夏休みは出かけません。

① 駅前に大きいスーパーがあって＿＿＿＿＿＿＿＿＿＿＿、公園が多くてかんきょうも

　　＿＿＿＿＿＿＿＿＿＿から、みどりまちにひっこしたいです。

② A：どうしてアルバイトをやめるの？

　　B：あの店は家から1時間ぐらい＿＿＿＿＿＿＿＿、時給も＿＿＿＿＿＿＿＿＿＿

③ A：着物、すてきだね。

　　B：うん。でも、着物はおびのむすび方が＿＿＿＿＿＿＿＿＿＿＿＿、

　　＿＿＿＿＿＿＿＿＿＿＿＿＿＿＿＿＿、ちょっとたいへんだよ。

2.

① A：電車、終わっちゃいましたね。Bさんはうちまでどうやって帰るんですか。

　　B：みどりまちまでバスに＿＿＿＿＿＿、そこから＿＿＿＿＿＿＿＿＿＿＿

② A：「おやこどん」、おいしいね。＿＿＿＿＿＿＿＿＿＿＿＿＿＿＿＿＿の？

　　B：とり肉とたまねぎを＿＿＿＿＿＿＿、そこに水とさとうとしょうゆとたまごを

　　＿＿＿＿＿＿＿＿少しにて、それをごはんの上に＿＿＿＿＿＿＿んだよ。

3.

例)　駅員：行きたい駅のボタンを<u>おしてから</u>、そこにお金を入れてください。

　　　A：はい。

① A：ちゃんと勉強＿＿＿＿＿＿＿、テストを受けたほうがいいよ。 …… B：そうだね。

② A：帰ってもいいですか。 …… 先生：作文を＿＿＿＿＿＿＿＿、帰ってください。

③ A：課長にこのしりょうを＿＿＿＿＿＿＿＿＿＿＿＿＿＿＿、コピーしてください。

　　　B：はい。おもどりになったら、見ていただきます。

STEP 2

1.

① A：（　　　　）カレーを作ったんですか。

　　　B：たまねぎと牛肉がたくさんあったからです。

　　　1　どう　　　　2　どんな　　　　3　どうやって　　　4　どうして

② A：（　　　　）これを作ったんですか。

　　　B：おりがみをおって、作ったんです。

　　　1　だれが　　　2　どうやって　　　3　どんなとき　　　4　どこで

2.

① かれは＿＿＿＿＿＿＿＿＿＿＿＿＿＿＿＿＿＿＿＿＿＿＿＿＿＿＿＿＿＿あります。

　　　　　　　　［ から ／ やさしい ／ 人気が ／ かっこいいし ］

② これは肉を＿＿＿＿＿＿＿＿＿＿＿＿＿＿＿＿＿＿＿＿＿＿＿＿＿＿＿んです。

　　　　　　　　　［ 食べる ／ のせて ／ レタス ／ に ］

STEP 3

あなたの国のおいしくてかんたんな料理は何ですか。 …… ＿＿＿＿＿＿＿＿＿＿＿＿

それはどうやって作りますか。 …… ＿＿＿＿＿＿＿＿＿＿＿＿＿＿＿＿＿＿＿＿＿＿

＿＿＿＿＿＿＿＿＿＿＿＿＿＿＿＿＿＿＿＿＿＿＿＿＿＿＿＿＿＿＿＿＿＿＿＿＿＿＿

Lesson 18 ①

1. ◀016 a.～e.のどれですか。

①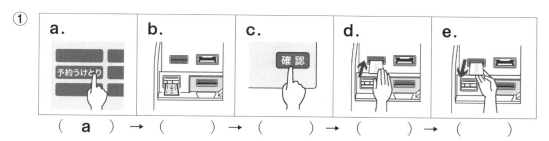

(a) → ( ) → ( ) → ( ) → ( )

②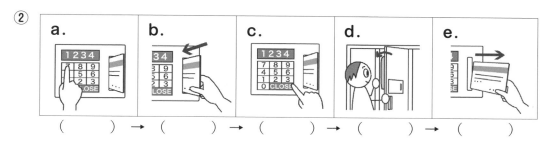

( ) → ( ) → ( ) → ( ) → ( )

2. ◀017 何に使いますか。
なに つか

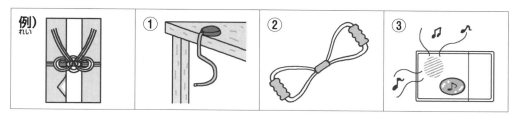

例) しゅうぎぶくろは<u>おいわいのお金を入れるの</u>に使います。
れい かね い つか

① バッグハンガーは_____に使います。
つか

② トレーニングチューブは_____に使います。
つか

③ これはトイレの音を_____に使います。
おと つか

Lesson 18 ②

1. ◀018 a.～c.のどれですか。

①（ a.・b.・c.） ②（ a.・b.・c.） ③（ a.・b.・c.）

2. ◀019 a.～d.のどこですか。

Lesson 18 ③

1. ◀020 a.～c.のどれですか。

① (a. ・ b. ・ c.)   ② (a. ・ b. ・ c.)   ③ (a. ・ b. ・ c.)

2. ◀021 a.～c.のどれですか。

(a. ・ b. ・ c.)   (a. ・ b. ・ c.)

3. ◀022 a.～d.のどれですか。

① a. クッキーを食べる。
　 b. 手をあらう。
　 c. ジュースを飲む。
　 d. おちゃを飲む。

② a. 課長にデータを見せる。
　 b. 新しい商品のしりょうを作る。
　 c. 商品の番号ときんがくを入力する。
　 d. 商品のしりょうをさがす。

Lesson 19 ①

STEP 1

1.

例) A：このみずうみで<u>およげますか</u>。

　　B：いいえ。あぶないので、<u>ここではおよげません</u>。

① A：あ！ マイクさん、まだ18さいでしょ？ 日本ではおさけは_____よ。

　　B：え？ そうなんですか。私の国では18さいから_____んですけど…。

② A：このチケット、_____

　　店員：はい。お使いに_____

③ A：あのう、アルバイトぼしゅうのポスターを見て、うかがいました。

　　　　私、留学生なんですが、このお店で_____

　　店長：日本語が話せれば、だいじょうぶですよ。まず、めんせつに来てください。

2.

例) A：ごめん。コップをたおしちゃったんだけど、何かふくもの、ある？

　　B：はい。<u>これでいい？</u>

① A：めんせつのときに着る服、_____と思う？

　　B：あのくろいスーツのほうがいいと思うよ。

② A：昼ごはん、どこで食べましょうか。「みどり」か、「すみれ」か、「エムズ」か…。

　　B：一番近い_____か。12時半までに会社にもどりたいんです。

③ A：コーラ、飲みたいなあ。

　　B：コーラはないけど、りんごジュースならあるよ。_____？

27

1.

① 店長：来週の土曜日、10時にめんせつに（　　　　）。
　　てんちょう　らいしゅう　どようび　　じ

　　A：はい、うかがえます。

　　1　いいですか　　　　　　　　2　いかがですか

　　3　来られますか　　　　　　　4　うかがえますか
　　　　こ

② ジムの受付の人：身分証明書は持っていらっしゃいましたか。
　　　　うけつけ　ひと　みぶんしょうめいしょ　も

　　B：はい。パスポート（　　　　）。

　　1　にしましょう　　　　　　　2　ができますか

　　3　がよかったです　　　　　　4　でいいですか

③ このビルの前に車は（　　　　　　　）。近くの駐車場に止めてください。
　　　　　まえ　くるま　　　　　　　　　ちか　ちゅうしゃじょう　と

　　1　止めます　　　　　　　　　　2　止められます
　　　と　　　　　　　　　　　　　　　と

　　3　止めません　　　　　　　　　4　止められません
　　　と　　　　　　　　　　　　　　　と

2.

① A：Bさん、そろそろ出かける時間だよ。
　　　　　　　　　　　　　　で　　じかん

　　B：山田さんに＿＿＿＿＿＿＿＿＿＿＿＿＿＿＿＿＿＿、ちょっと待って。
　　　やまだ　　　　　　　　　　　　　　　　　　　　　　　　ま

　　　　　　［ 出られる ／ かけたら ／ から ／ 電話を ］
　　　　　　　　で　　　　　　　　　　　　　でんわ

② 先生に＿＿＿＿＿＿＿＿＿＿＿＿＿＿＿＿＿＿＿＿言われました。
　　せんせい　　　　　　　　　　　　　　　　　　　　　　い

　　　　　　［ いいと ／ 連絡は ／ メールで ／ 欠席の ］
　　　　　　　　　　　れんらく　　　　　　　　けっせき

③ A：あの道はずいぶんせまいですね。だいじょうぶですか。
　　　　　みち

　　運転手：あそこは車は＿＿＿＿＿＿＿＿＿＿＿＿＿＿＿＿＿＿
　　うんてんしゅ　　　くるま

　　　　　　　　　［ ので ／ 通れない ／ かどを ／ つぎの ］
　　　　　　　　　　　　　　とお

　　左にまがります。
　　ひだり

あなたの国の有名な所はどこですか。……… ＿＿＿＿＿＿＿＿＿＿＿＿＿
　　　　　くに　ゆうめい　ところ

そこで何ができますか。……… ＿＿＿＿＿＿＿＿＿＿＿＿＿＿＿＿＿＿
　　　なに

Lesson 19 ②

STEP 1

1.

例) ピエールさんは日本の歌が<u>歌えます</u>。

① 練習したので、先月の夏まつりでぼんおどりが＿＿＿＿＿＿＿＿＿＿＿＿＿＿

② 先生：自分の家の住所が漢字で＿＿＿＿＿＿＿＿＿か。 ……… A：いいえ。

③ A：日本に来る前、日本語で会話が＿＿＿＿＿＿＿＿＿ ……… B：私もです。

2.

例) 今日休んだので、明日じゅぎょうの後でテストを<u>受け</u>なくてはいけません。

① 明日は6時に家を出るので、5時半に＿＿＿＿＿＿＿＿＿＿＿＿＿＿＿＿＿

② しゅっちょうのレポートを書いて、今週中に課長に＿＿＿＿＿＿＿＿＿＿＿＿

③ ミーティングできまったことを、すぐに部長にほうこく＿＿＿＿＿＿＿＿＿＿

3. 例) A：飲み物、何にしますか。 ……… B：私、ジュースなら<u>何</u>でもいいです。

① A：週末車で出かけましょう。どこへ行きたいですか。

　　B：わあ、楽しみ。私は＿＿＿＿＿＿＿＿＿＿＿いいです。

② A：横浜に行かない？

　　B：行く！ 来週なら、私は＿＿＿＿＿＿＿＿だいじょうぶだよ。

③ A：このペン、書きやすいよ。たくさんあるから1本あげる。どれにする？

　　B：わあ、みんなきれいないろだね。私、＿＿＿＿＿＿＿＿よ。ありがとう。

STEP 2

1.

① 私は留学生なので、平日は学校に（　　　　　）、週末は時間があります。

   1　行かなくてはいけませんが　　　　　2　行きながら

   3　行ってもいいですが　　　　　　　　4　行くなら

② A：週末はいそがしい？

   B：土曜日は予定があるけど、日曜日は（　　　　）会えるよ。

   1　何曜日でも　　　　　　　　　　　　2　どうしてでも

   3　何時でも　　　　　　　　　　　　　4　どんなものでも

③ 私は自分で着物が着られるが、人には（　　　　）。

   1　着られる　　　2　着られない　　　3　着せられる　　　4　着せられない

2.

① A：日本の生活はどうですか。こまっていることはありませんか。

   B：今は日本の生活になれて、一人で＿＿＿＿＿＿＿＿＿＿＿＿＿＿＿です。

       [何でも ／ ので ／ だいじょうぶ ／ やれる]

② リサイクルできる物と＿＿＿＿＿＿＿＿＿＿＿＿＿＿＿＿＿＿はいけません。

      [すてなくて ／ 分けて ／ 物は ／ できない]

③ A：データが少ないんですが、レポートはどうやって書けばいいでしょうか。

   B：Aさんの＿＿＿＿＿＿＿＿＿＿＿＿＿＿＿＿＿＿と思います。

     [いっしょにすれば ／ 書ける ／ 私のを ／ データと]

STEP 3

① あなたはどんなことができますか。

  ……… ＿＿＿＿＿＿＿＿＿＿＿＿＿＿＿＿＿＿＿＿＿＿

② 今、漢字が何字ぐらい読めますか。

  ……… ＿＿＿＿＿＿＿＿＿＿＿＿＿＿＿＿＿＿＿＿＿＿

③ 今度の週末、しなくてはいけないことがありますか。

  ……… はい。＿＿＿＿＿＿＿＿＿＿＿＿＿＿＿＿＿＿＿

Lesson 19 ③

STEP 1

1.

例）じゅぎょうの前に、タンさんは先生に（よびます→）<u>よばれました</u>。

① あねはおとうと＿＿＿＿＿（たすけます→）＿＿＿＿＿＿＿＿＿＿＿＿＿

② ラマさんは友だち＿＿＿＿＿てつだいを（たのむ→）＿＿＿＿＿＿＿＿＿＿

③ リさんは課長＿＿＿＿＿プレゼンテーションを（ほめます→）＿＿＿＿＿＿＿

④ A：課長に何を＿＿＿＿＿＿＿＿＿んですか。

　　B：ぼうえきセンターの住所と電話番号です。

⑤ A先生：学生と何を話していたんですか。

　　B先生：今度のテストのことをいろいろ質問＿＿＿＿＿＿＿＿＿＿んです。

⑥ A：タンさんにクリスマスパーティーに＿＿＿＿＿＿＿＿んだけど、Bさんも行く？

　　B：うん、行くよ。

⑦ A：あの人、サッカー、上手だね。

　　B：うん。20年ぐらい前にサッカーの日本代表に＿＿＿＿＿＿＿＿こともある

　　　すごい人だよ。

1.

例) A：HAせんもん学校はこの近くですか。……… B：はい。あそこですよ。

⇒　だれが道を聞かれましたか。　（　Aさん　／　(Bさん)　）

① A：きのうはたすけていただいて、ありがとうございました。……… B：いえ、いえ。

⇒　だれがたすけられましたか。　（　Aさん　／　Bさん　）

② A：旅行に行くんだけど、スーツケースをかしてくれない？……… B：いいよ。

⇒　だれがたのみましたか。　（　Aさん　／　Bさん　）

③ A：スピーチ、とてもよかったですよ。……… B：ありがとうございます。

⇒　だれがほめられましたか。　（　Aさん　／　Bさん　）

2.

> 　　今日はじめて日本の会社のめんせつを受けに行きました。めんせつの担当の人にいろいろなことを日本語で（１）、たいへんでした。かんたんなことは言えましたが、「どうしてこの会社ではたらきたいんですか」と（２）とき、上手に話せませんでした。会社の人に「けっかは金曜日までに連絡します」と（３）、今とても心配です。

（１）　１　質問できて　　　　　２　質問できたので

　　　　３　質問されて　　　　　４　質問されたのに

（２）　１　聞いた　　２　お聞きした　　３　聞いてみた　　４　聞かれた

（３）　１　言うつもりで　　　　２　言ったから

　　　　３　言われたので　　　　４　言っていただいて

今までめんせつを受けたことがありますか。何のめんせつでしたか。

……… はい。_____

めんせつを受けたとき、どんなことを聞かれましたか。

………

_____

何とこたえましたか。 ………_____

Lesson 19 １

1. ◀023 a.〜 d.のどれですか。

2. ◀024 a.〜 c.のどれですか。

① (a. ・ b. ・ c.)　　② (a. ・ b. ・ c.)　　③ (a. ・ b. ・ c.)

Lesson 19 ２

1. ◀025 a.〜 d.のどれですか。

② a. 1,000字
b. 2,000字
c. 9,000字
d. 50,000字

2. ◀026 a.〜 c.のどれですか。

① (a. ・ b. ・ c.)　　② (a. ・ b. ・ c.)　　③ (a. ・ b. ・ c.)

Lesson 19 ③

1. 🔊 027 a.～d.のどれですか。

① a. 学校の説明を聞く。
　　　<ruby>学校<rt>がっこう</rt></ruby>　<ruby>説明<rt>せつめい</rt></ruby>　<ruby>聞<rt>き</rt></ruby>
 b. 試験を受ける。
　　<ruby>試験<rt>しけん</rt></ruby>　<ruby>受<rt>う</rt></ruby>
 c. 専門学校に入学する。
　　<ruby>専門学校<rt>せんもんがっこう</rt></ruby>　<ruby>入学<rt>にゅうがく</rt></ruby>
 d. 料理を勉強する。
　　<ruby>料理<rt>りょうり</rt></ruby>　<ruby>勉強<rt>べんきょう</rt></ruby>

② a. 課長をよぶ。
　　<ruby>課長<rt>かちょう</rt></ruby>
 b. しょるいをコピーする。
 c. 子どもを病院へ連れて行く。
　　<ruby>子<rt>こ</rt></ruby>　<ruby>病院<rt>びょういん</rt></ruby>　<ruby>連<rt>つ</rt></ruby>　<ruby>行<rt>い</rt></ruby>
 d. 会議室でじゅんびする。
　　<ruby>会議室<rt>かいぎしつ</rt></ruby>

2. 🔊 028 a.～c.のどれですか。

（ a. ・ b. ・ c. ）

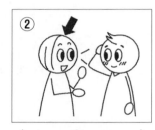
（ a. ・ b. ・ c. ）

（ a. ・ b. ・ c. ）

Lesson 20 ①

STEP 1

1.

例) こんばんは空にほしが出ています。
_{れい}　　　　　　　　そら　　　　　で

①ゆきが ＿＿＿＿＿＿＿＿＿＿＿＿＿

②小さい花が ＿＿＿＿＿＿＿＿＿＿＿
　ちい　　はな

③月は ＿＿＿＿＿＿＿＿＿＿＿＿＿＿
　つき

2.

例) 私の部屋から花火が見えます。花火の音が聞こえます。
_{れい}　わたし　へや　　はなび　　み　　　　はなび　おと　き

① ホテルのまどから海 ＿＿＿＿＿＿＿＿＿。なみの ＿＿＿＿＿＿＿＿＿
　　　　　　　　うみ

② 山の上からまち ＿＿＿＿＿＿＿＿＿＿。あっちから鳥の ＿＿＿＿＿＿＿
　やま　うえ　　　　　　　　　　　　　　　　　とり

③ そうこからだれかの ＿＿＿＿＿＿＿＿。中は暗くて、何も ＿＿＿＿＿＿
　　　　　　　　　　　　　　　　　　なか　くら　　なに

④ くもっていなければ、ここから東京タワーがよく ＿＿＿＿＿＿＿＿＿＿＿
　　　　　　　　　　　　　　とうきょう

⑤ A：もしもし…もしもし…

　　B：まわりがうるさくて、よく ＿＿＿＿＿＿＿＿から、

　　　あとでかけるね。

3.

例) 私の家族はみんなサッカーを見るのが
_{れい}　わたし　かぞく　　　　　　　　　み

すきです。

① てんぼうだいからふじ山にゆきが
　　　　　　　　　　さん

　＿＿＿＿＿＿＿＿が見えます。
　　　　　　　　み

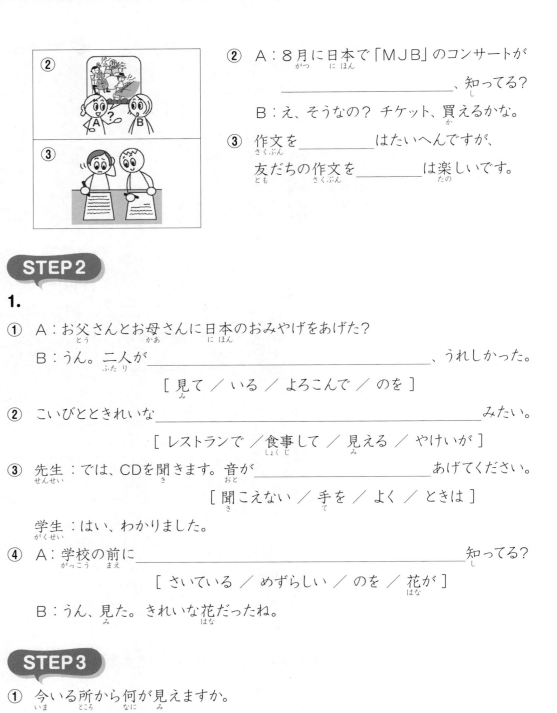

② A：8月に日本で「MJB」のコンサートが

＿＿＿＿＿＿＿＿＿＿、知ってる？

B：え、そうなの？ チケット、買えるかな。

③ 作文を＿＿＿＿＿＿はたいへんですが、

友だちの作文を＿＿＿＿＿＿は楽しいです。

STEP 2

1.

① A：お父さんとお母さんに日本のおみやげをあげた？

B：うん。二人が＿＿＿＿＿＿＿＿＿＿＿＿＿＿、うれしかった。

[見て ／ いる ／ よろこんで ／ のを]

② こいびとときれいな＿＿＿＿＿＿＿＿＿＿＿＿＿みたい。

[レストランで ／食事して ／ 見える ／ やけいが]

③ 先生：では、CDを聞きます。音が＿＿＿＿＿＿＿＿＿あげてください。

[聞こえない ／ 手を ／ よく ／ ときは]

学生：はい、わかりました。

④ A：学校の前に＿＿＿＿＿＿＿＿＿＿＿＿＿知ってる？

[さいている ／ めずらしい ／ のを ／ 花が]

B：うん、見た。きれいな花だったね。

STEP 3

① 今いる所から何が見えますか。

……… ＿＿＿＿＿＿＿＿＿＿＿＿＿＿＿＿＿＿＿＿＿

② 休みの日に何をするのがすきですか。

……… ＿＿＿＿＿＿＿＿＿＿＿＿＿＿＿＿＿＿＿＿＿

Lesson 20 ②

STEP 1

1.

① 前は料理ができませんでしたが、さいきん＿＿＿＿＿＿＿＿ようになりました。

② 日本へ来る前、漢字が読めませんでしたが、今は＿＿＿＿＿＿＿＿＿＿＿＿

③ 去年は日本語が話せませんでしたが、今は＿＿＿＿＿＿＿＿＿＿＿＿

④ A：日本語の歌、歌える?

　　B：うん。前は歌えなかったけど、れんしゅうして、＿＿＿＿＿＿＿＿＿＿

⑤ A：このけいたい電話、むずかしくて、使えない。

　　B：だいじょうぶ。マニュアルをちゃんと読めば、＿＿＿＿＿＿＿なるよ。

2.

① くつひもが＿＿＿＿＿＿ました。　　② ドアが＿＿＿＿＿＿ました。

③ めがねが＿＿＿＿＿＿ました。　　④ たいふうで木が＿＿＿＿ました。

⑤ A：そのシャツ、どうしたんですか。

　　B：アイスクリームがおちて、

　　　　シャツが＿＿＿＿＿＿＿しまったんです。

⑥ 子ども：あ、お母さん!

　　　　　たまごが＿＿＿＿＿ちゃった!

　　母親：あ、ふくろが＿＿＿＿＿ちゃったんだね。

1.

① スイッチをおしたのに、電気（　　　）つきません。

　　1　が　　　　2　を　　　　3　に　　　　4　で

② A：Bさんはピアノが上手で、いいですね。

　　B：れんしゅうすれば、（　　　）ようになりますよ。

　　1　ひく　　　2　ひいた　　　3　ひける　　　4　ひかれる

③ A：どうして日本語（　　　）じょうずに話せるようになりたいの？

　　B：日本ではたらきたいんだ。

　　1　へ　　　　2　に　　　　3　と　　　　4　が

2.

① 今のもくひょうは＿＿＿＿＿＿＿＿＿＿＿＿＿＿＿ことです。

　　　　　　　　[1キロ ／ ように ／ なる ／ およげる]

② A：むしが＿＿＿＿＿＿＿＿＿＿＿＿＿＿＿閉めて。

　　　　　　　　[から ／ 入る ／ まどを ／ 部屋に]

　　B：あ、ごめん。すぐに閉めるね。

③ A：毎日ピアノをれんしゅうしているんですか。

　　B：ええ。ピアノを＿＿＿＿＿＿＿＿＿＿＿＿＿＿＿んです。

　　　　　　　　[歌える ／ ひきながら ／ なりたい ／ ように]

① さいきん何かできるようになったことがありますか。

　　……… はい。＿＿＿＿＿＿＿＿＿＿＿＿＿＿＿＿＿＿＿

② これからできるようになりたいことがありますか。

　　……… はい。＿＿＿＿＿＿＿＿＿＿＿＿＿＿＿＿＿＿＿

Lesson 20 ③

STEP 1

1.-1

例) 電気がきえています。　　①　ドアが＿＿＿＿＿＿＿＿＿＿＿＿
でんき

②　人がおおぜい＿＿＿＿＿＿＿＿　③　くつしたが＿＿＿＿＿＿＿＿＿
ひと

1.-2

例) A：あ、このコップ、よごれてる。……… B：とりかえてもらおう。
れい

①　A：わあ、おかしがたくさん＿＿＿＿＿＿＿＿＿＿！……… B：食べよう。
た

②　A：さむくない？

　　B：さむい。あ、なんだ。まどが＿＿＿＿＿＿＿＿からだよ。閉めよう。
し

③　A：これ、使ってもいいですか？
つか

　　B：それ、＿＿＿＿＿＿＿＿＿＿から、使えませんよ。
つか

2. 例) A：明日テストだね。……… B：うん。勉強しなくちゃ。
れい　　　あした　　　　　　　　　　　　べんきょう

①　A：今度のテスト、いつ？……… B：わからない。先生にかくにん＿＿＿＿＿
こんど　　　　　　　　　　　　　　　　せんせい

②　A：あ、もう11時だ。うちへ＿＿＿＿＿＿＿＿＿
じ

　　B：そうだね。すぐ帰ろう。
かえ

③　A：あーあ。今日もまたちこくしちゃった。
きょう

　　B：だめだよ。もう少し早くうちを＿＿＿＿＿＿＿＿＿＿＿
すこ　はや

④　A：このゲーム、こわれてる。

　　B：こわれてないよ。ほら、でんげんを＿＿＿＿＿＿＿＿＿＿＿

1.

① ふんすいの＿＿＿＿＿＿＿＿＿＿＿＿＿＿＿＿＿＿＿＿＿＿＿＿見た。

[のを ／ けいさつかんが ／ そばに ／ たっている]

② 先生：どうしてちこくしたんですか。

A：道にていきけんが＿＿＿＿＿＿＿＿＿＿＿＿＿＿とどけに行ったんです。

[いた ／ 交番へ ／ おちて ／ ので]

2.

どうしよう。ゆきがつもって、電車が止まってる。歩いて（ 1 ）

え！ 歩くのはたいへんでしょ。バスは？

バスていもタクシーのり場も人がおおぜい（ 2 ）。すごく待つと思う。

アルバイト、来られる？ 今日は人が少ないんだけど…。

行けるよ。でも、ちこくしちゃうから、わるいけど、店長に（ 3 ）

うん、わかった。ぼくが店長に言うよ。気をつけて。

（ 1 ） 　1 　行かなくちゃ。　　　　　2 　行けない。

　　　　　3 　行ってくれない？　　　4 　行ってみたら？

（ 2 ） 　1 　ならばない　　　　　　2 　ならんでない

　　　　　3 　ならぶつもり　　　　　4 　ならんでる

（ 3 ） 　1 　言わない？　　　　　　2 　言ってくれない？

　　　　　3 　言わなくちゃ。　　　　4 　言わないで。

電車の中でけいたい電話をひろいました。どうしますか。

........＿＿＿＿＿＿＿＿＿＿＿＿＿＿＿＿＿＿＿＿＿＿＿＿＿＿＿＿＿＿

Lesson 20 ⃞1

1. ◀ 029 a.～d.のどれですか。

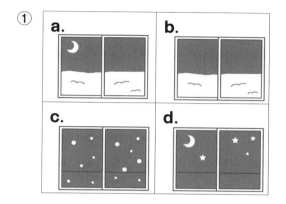 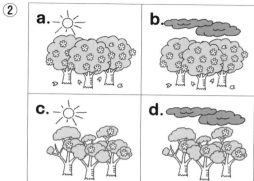

2. ◀ 030 a.～c.のどれですか。

　　　(a. ・ b. ・ c.)　　　(a. ・ b. ・ c.)　　　(a. ・ b. ・ c.)

3. ◀ 031 a.～d.のどれですか。

① a. チケットを予約する。
　　　　　　　　よやく
　 b. アニメのイベントに行く。
　 c. お金をはらう。
　　　かね
　 d. 友だちにチケットをわたす。
　　　とも

②

Lesson 20 ②

1. 🔊 032 a.～d.のどれですか。

① a. 漢字をたくさん書くこと
   　（かんじ　　　　か）

   b. 漢字を読むこと
   　（かんじ　よ）

   c. 日本語で本を書くこと
   　（にほんご　ほん　か）

   d. 日本語の本を読むこと
   　（にほんご　ほん　よ）

② a. ピアノをひくこと

   b. ギターをひくこと

   c. バイオリンをひくこと

   d. 上手に歌うこと
   　（じょうず　うた）

2. 🔊 033 a.～c.のどれですか。

（ a. ・ b. ・ c. ）

（ a. ・ b. ・ c. ）

（ a. ・ b. ・ c. ）

Lesson 20 ③

1. 🔊 034 a.～d.のどれですか。

①
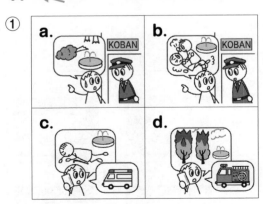

② a. 会議のしりょう
   　（かいぎ）

   b. つくえといす

   c. パソコン

   d. かぎ

2. 🔊 035 a.～c.のどれですか。

① (a. ・ b. ・ c.)　　② (a. ・ b. ・ c.)　　③ (a. ・ b. ・ c.)

Lesson 21 ①

STEP 1

1.

例) 受付の人：どうなさいましたか。 ‥‥‥ A：<u>熱があるんです。</u>

① B：＿＿＿＿＿＿＿＿＿＿＿＿　② C：＿＿＿＿＿＿＿＿＿＿＿＿

③ D：＿＿＿＿＿＿＿＿＿＿＿＿

④ E：のどが＿＿＿＿＿＿＿＿んです。＿＿＿＿＿＿も出ます。

⑤ F：＿＿＿＿＿＿＿＿＿＿＿＿＿＿＿＿＿＿＿＿＿

⑥ G：＿＿＿＿＿＿＿＿＿＿＿＿＿＿＿＿＿＿＿＿＿

2.

例) 看護師：レントゲンを<u>とりますので</u>、2かいへおねがいします。

① 受付の人：診察券を＿＿＿＿＿＿＿＿＿＿、保険証を＿＿＿＿＿＿＿＿＿＿

② 看護師：血圧を＿＿＿＿＿＿＿＿＿＿、検査室へ＿＿＿＿＿＿＿

③ 看護師：じゅんばんに＿＿＿＿＿＿＿＿＿＿＿＿、こちらでお待ちください。

1.

① A：今朝からさむけがするんです。
　　　　　けさ

　　B：さむけが（　　　　　）、熱をはかったほうがいいですよ。
　　　　　　　　　　　　　　　　ねつ

　　1　するなら　　　　2　するので　　　　3　するまえに　　　　4　するのに

② 看護師：採血をするので、検査室へ（　　　　　）。
　　かんごし　さいけつ　　　　　けんさしつ

　　A：はい、わかりました。

　　1　行きましたか　　　　　　　2　行きたいですか
　　　　い　　　　　　　　　　　　　　　い

　　3　おねがいします　　　　　　4　おねがいしましょう

③ 病院の受付の人：Aさん、どうなさいましたか。
　　びょういん　うけつけ　ひと

　　A：先週からしょくよくが（　　　　　）。
　　　　せんしゅう

　　1　ありました　　　　　　　　2　ないと思います
　　　　　　　　　　　　　　　　　　　　　　おも

　　3　なくてもいいですか　　　　4　ないんです

2.

① 受付の人：どうなさいましたか。
　　うけつけ　ひと

　　A：3日ぐらい前から＿＿＿＿＿＿＿＿＿＿＿＿＿＿＿＿＿んです。
　　　　みっか　　　まえ

　　　　　　　　　　[のどが ／ ある ／ 痛くて ／ 熱も]
　　　　　　　　　　　　　　　　　　　いた　　　ねつ

② 看護師：体重を＿＿＿＿＿＿＿＿＿＿＿＿＿＿＿＿お待ちください。
　　かんごし　たいじゅう　　　　　　　　　　　　　　　　　　ま

　　　　　　　　　[すわって ／ ので ／ はかります ／ こちらに]

　　A：はい。

病気になったので病院へ来ました。受付の人に何と説明しますか。
びょうき　　　　　　びょういん　き　　　　うけつけ　ひと　なん　せつめい

………「＿＿＿＿＿＿＿＿＿＿＿＿＿＿＿＿＿＿＿＿＿＿＿＿＿

＿＿＿＿＿＿＿＿＿＿＿＿＿＿＿＿＿＿＿＿＿＿＿＿」と言います。
　　　　　　　　　　　　　　　　　　　　　　　　　　　　　い

Lesson 21 ②

STEP 1

1.

よくなります	食べすぎです	飲みます	やめてもいいです
かぜです	入院してもいいです	退院できます	

例) A：頭が痛いんです。

　　医者：薬を飲んでゆっくり休めば、よくなるでしょう。

① A：先生、さいきんはひざはいたくないです。歩くのがずいぶん楽になりました。

　　医者：そうですか。じゃあ、食後の薬は＿＿＿＿＿＿＿＿＿＿＿＿＿＿

② A：先生、いつうちへ帰れますか。

　　医者：具合がずいぶんよくなりましたね。1週間ぐらいで＿＿＿＿＿＿＿＿＿＿

③ A：先週からずっとせきが出ているんですが、今日は熱もあるんです。

　　医者：のどをみましょう。あ、赤いですね。＿＿＿＿＿＿＿。薬を飲んでください。

2.

例) 明日は何も食べないで、病院へ来てください。

① 外出＿＿＿＿＿＿＿＿＿、しばらく家でゆっくり＿＿＿＿＿＿＿＿＿＿＿

② うちへ＿＿＿＿＿＿＿＿＿＿＿、すぐに＿＿＿＿＿＿＿＿＿＿＿＿＿＿＿

③ しばらく重い物は右手で＿＿＿＿＿＿＿、左手で＿＿＿＿＿＿＿＿＿＿

3.

例) せきがとまったら、薬を飲まなくても
　　いいですか。

① 胃の具合が＿＿＿＿＿＿＿＿＿＿、
　　胃カメラ検査を＿＿＿＿＿＿＿＿＿＿
　　いいですか。

② 退院＿＿＿＿＿＿＿＿、かるい運動を
　　たいいん　　　　　　　　　　　　うんどう
　　　＿＿＿＿＿＿＿＿＿＿＿いいですか。

③ 熱が＿＿＿＿＿＿＿＿＿＿＿＿＿＿＿、
　　ねつ
　　　＿＿＿＿＿＿＿＿＿＿＿いいですか。

STEP 2

1.

① A：胃がすごく痛いんです。
　　　　い　　　いた
　医者：食べすぎでしょう。ゆっくり休めば、（　　　　　）。
　いしゃ　た　　　　　　　　　　　　　　　やす
　　1　なおるでしょう　　　　　　　2　なおりました
　　3　なおりましょうか　　　　　　4　なおらないでしょう

② 医者：薬を3日分出します。‥‥‥A：熱が下がったら、仕事を（　　　　　）。
　いしゃ　くすり　みっかぶんだ　　　　　　ねつ　さ　　　　　しごと
　　1　休んでもいいですか　　　　　2　休んではいけませんか
　　　やす　　　　　　　　　　　　　　やす
　　3　休まなくてもいいですか　　　4　休まなくてはいけませんか
　　　やす　　　　　　　　　　　　　　やす

③ 目のまわりがかゆいときは（　　　　　）、この薬をぬってください。
　　め　　　　　　　　　　　　　　　　　　くすり
　　1　さわったら　　2　さわれば　　3　さわらなくて　　4　さわらないで

2.

① A：もう熱はないので、明日から大学へ行ってもいいですか。
　　　　ねつ　　　　　あした　　だいがく　い
　医者：明日は無理を＿＿＿＿＿＿＿＿＿＿＿＿＿＿＿＿＿いいでしょう。
　いしゃ　あした　むり
　　　　　　［ ゆっくり ／ しないで ／ ほうが ／ 休んだ ］
　　　　　　　　　　　　　　　　　　　　　　　　やす

② A：具合が＿＿＿＿＿＿＿＿＿＿＿＿＿＿＿＿＿＿＿でしょうか。
　　　ぐあい
　　　　　　［ リハビリを ／ いい ／ よくなったら ／ やめても ］

　医者：そうですね。来月診察してから、考えましょう。
　いしゃ　　　　　　　らいげつしんさつ　　　　かんが

STEP 3

友だちは具合が悪いのに、アルバイトに来ました。友だちに何と言いますか。
とも　　　ぐあい　わる　　　　　　　　　　　き　　　とも　　なん　い
‥‥‥「＿＿＿＿＿＿＿＿ないで、＿＿＿＿＿＿＿＿ほうがいいよ」と言います。
　　　　　　　　　　　　　　　　　　　　　　　　　　　　　　　　　　　い

Lesson 21 ③

STEP1

1. **例)** この薬は（1日・3回→）<u>1日に3回</u>、飲んでください。

① （1週間・2回→）＿＿＿＿＿＿＿＿＿＿＿＿＿＿ぐらい、運動してください。

② （3か月・1回→）＿＿＿＿＿＿＿＿＿＿＿、検査を受けに来てください。

③ （1年・1回→）＿＿＿＿＿＿＿＿＿＿＿＿＿、海外旅行がしたいです。

2.

例) <u>熱が高いとき</u>、<u>この薬を飲んでください</u>。

① ＿＿＿＿＿＿＿＿＿＿＿、＿＿＿＿＿＿＿＿＿＿＿＿

② ＿＿＿＿＿＿＿＿＿＿＿、＿＿＿＿＿＿＿＿＿＿＿＿

③ ＿＿＿＿＿＿＿＿＿＿＿、＿＿＿＿＿＿＿＿＿＿＿＿

3.-1 **例)** 医者：お酒をたくさん（飲みません→）<u>飲まないようにしてください</u>。

① A：退院したら、すぐに海外旅行をしてもいいですか。

　医者：いいえ。しばらく（無理をしません→）＿＿＿＿＿＿＿＿＿

② A：肉とか魚は毎日食べます。野菜を食べるのは1週間に3回ぐらいです。

　医者：野菜の量が足りませんね。毎日（食べます→）＿＿＿＿＿＿

3.-2 **例)** 医者：なかなか具合がよくなりませんね。毎日何時にねていますか。

　A：2時ごろです。今日からもう少し早く（ねます→）<u>ねるようにします</u>。

① 医者：去年より体重が5キロふえましたね。運動していますか。

　A：いいえ。明日から毎日できるだけ（歩きます→）＿＿＿＿＿＿＿

② 薬局の人：錠剤は食事の前、カプセルは食後30分以内に飲んでください。
　　　　やっきょく ひと　じょうざい　しょくじ　まえ　　　　　　　　　しょくご　　ぶんいない　の

　　A：わかりました。（まちがえません→）＿＿＿＿＿＿＿＿＿＿＿＿＿＿＿＿＿

STEP 2

1.

① A：退院、おめでとう。元気になってよかったね。
　　　たいいん　　　　　　げんき

　　B：ありがとう。でも、これからも半年（　　　）1回、診察を受けに
　　　　　　　　　　　　　　　　　　はんとし　　　　かい　しんさつ　う

　　　行かなくちゃいけないの。
　　　い

　　1　は　　　　　2　も　　　　3　で　　　　4　に

② 熱が（　　　　）、このこな薬を飲んでください。
　　ねつ　　　　　　　　　　　くすり　の

　　1　高くて　　　　　2　高いのに　　　　　3　高いとき　　　　4　高いと
　　　たか　　　　　　　　　たか　　　　　　　　　たか　　　　　　　　たか

③ A：さいきん学校でホワイトボードの字が見えにくいんです。
　　　　　　がっこう　　　　　　　　　じ　み

　　医者：暗いところで、テレビやスマホを長い時間（　　　　）。
　　いしゃ　くら　　　　　　　　　　　　　　なが　じかん

　　1　見なくてはいけません　　　　　2　見ないようにしてください
　　　み　　　　　　　　　　　　　　　　　み

　　3　見ないつもりですか　　　　　　4　見なくてもいいですか
　　　み　　　　　　　　　　　　　　　　み

2.

① さむくなったので、体に気を＿＿＿＿＿＿＿＿＿＿＿＿＿＿＿＿＿＿＿します。
　　　　　　　　　　　からだ　き

　　　　　　　　　　　　［ ように ／ かぜを ／ つけて ／ ひかない ］

② A：気持ちが＿＿＿＿＿＿＿＿＿＿＿＿＿＿＿＿＿に2回飲んでください。
　　　きも　　　　　　　　　　　　　　　　　　　　　　　かい の

　　　　　　　　　　［ 1日 ／ とき ／ これを ／ 悪い ］
　　　　　　　　　　　にち　　　　　　　　　　わる

　　B：はい。わかりました。

STEP 3

毎日何か気をつけていることがありますか。それはどんなことですか。
まいにちなに き

…… はい。＿＿＿＿＿＿＿＿＿＿＿＿＿＿＿＿＿＿＿ようにしています。

Lesson 21 ①

1. 🔊 036 a.～c.のどれですか。

① (a. ・ b. ・ c.)　　② (a. ・ b. ・ c.)　　③ (a. ・ b. ・ c.)

2. 🔊 037 a.～d.のどれですか。

Lesson 21 ②

1. 🔊 038 a.～d.のどれですか。

2. 🔊 039 a.～c.のどれですか。

(a. ・ b. ・ c.)　　　　(a. ・ b. ・ c.)

Lesson 21 ③

1. 🔊 040 a.～d.のどれですか。

① a. 白いくすり
　　　　しろ

　b. 赤いくすり
　　　　あか

　c. きいろいくすり

　d. 白いくすりと赤いくすり
　　　　しろ　　　　　あか

②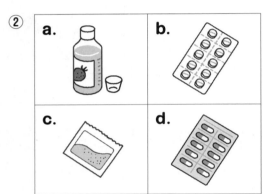

2. 🔊 041 a.～c.のどれですか。

①(a. ・ b. ・ c.)　　②(a. ・ b. ・ c.)　　③(a. ・ b. ・ c.)

Lesson 22 ①

STEP 1

1.-1

例) Aさんは女の子に手紙をもらって、<u>うれしそう</u>です。

① Bさんは今日めんせつに行くので、とても _____ です。

② あの人は一人で _____ です。

1.-2

例) Cさんは魚が<u>すきじゃなさそう</u>です。

① Dさんはおばけやしきが _____ です。

② A：Eさんは _____ だね。

B：うん。「走りたくない」って言ってた。

2.

例) A：今、ちょっといいですか。

B：すみません。会議の準備を<u>しているところ</u>なんです。会議のあとでいいですか。

① A：おつかれさまです。

B：おつかれさま。レストランへ食事に _____ なんですが、

いっしょに行きませんか。

② A：資料、もう作ったんですか。……… B：いいえ。これから＿＿＿＿＿＿＿です。

③ A：ごめん。おくれちゃった。……… B：私もちょうど今＿＿＿＿＿＿＿だよ。

1.

① パーティーで田中さんは＿＿＿＿＿＿＿＿＿＿＿＿＿＿＿いました。

[おもしろくなさそうな ／ かおを ／ あまり ／ して]

② この写真はそつぎょう式で＿＿＿＿＿＿＿＿＿＿＿＿＿です。

[いる ／ ところ ／ そつぎょう証書を ／ もらって]

2.

今朝、どうりょうの安田さんが「来月、結婚します。今、結婚式の準備を
（ 1 ）。おいそがしいと思いますが、結婚式に来ていただけたら、うれし
いです」とみんなに言った。安田さんはとても（ 2 ）。安田さんに、ご
主人になる人のことをいろいろ聞いて、私も（ 3 ）気持ちになった。でも、
いつもはにぎやかな前川さんはとても（ 4 ）、今日は1日しずかだった。

（1） 1　しようと思っています　　2　できるようになりました

　　　3　しているところです　　　4　するようにします

（2） 1　しあわせじゃない　　　　2　しあわせだった

　　　3　しあわせそうだった　　　4　しあわせになれる

（3） 1　しあわせな　　　　　　　2　しあわせじゃない

　　　3　しあわせそうな　　　　　4　しあわせじゃなさそうな

（4） 1　さびしそうで　　　　　　2　さびしくて

　　　3　さびしそうなので　　　　4　さびしいので

① あなたが＿＿＿＿＿＿＿＿＿ことがきまったとき、ご家族はどうでしたか。

……… ＿＿＿＿＿＿＿＿＿は＿＿＿＿＿＿＿＿＿そうでした。

② いそがしいとき、友だちから電話がかかってきました。何といいますか。

……… 「ごめん。今＿＿＿＿＿＿＿＿＿ところなんだけど」と言います。

Lesson 22 ②

STEP 1

1.

例) 先生：タンさんはいますか。

A：かばんがありませんね。うちへ帰ったようです。

① A：あ、あの人、道が＿＿＿＿＿＿＿＿＿＿＿＿ね。

B：そうですね。どこへ行きたいのかな。ちょっと聞いてみましょう。

② A：あそこに人がおおぜい集まっていますよ。あの人、知っていますか。

B：知りません。でも、あの人、とても＿＿＿＿＿＿＿＿＿＿＿＿ね。

③ A：店の前に名前がありませんけど、山田さんに教えてもらったお店、

あそこでしょうか。

B：ちょっとちずを見てみます。ええ、＿＿＿＿＿＿＿ね。入ってみましょう。

2.

例) A：Bさん、日本にいつから住んでいるんですか。

B：先週来たばかりです。

① A：パンフレット、あと３さつなので、注文してもいいですか。

B：３日前に300さつ＿＿＿＿＿＿＿＿から、どこかにあると思いますよ。

② A：このプリンター、調子が悪いです。

B：先週＿＿＿＿＿＿＿＿＿＿＿のに、またこわれちゃったんですか。

③ A：今朝、けいたい電話、おとしてこわしちゃった。

B：え？ 先月＿＿＿＿＿＿＿＿＿＿のに？

1.

① あそこで＿＿＿＿＿＿＿＿＿＿＿＿＿＿＿＿ので、ちがう道を通りましょう。

みち　とお

[じこが ／ ような ／ 大きい ／ あった]

　　　　　　　　おお

② A：わあ、このテーブル、きれいないろだね。

B：あ、それは＿＿＿＿＿＿＿＿＿＿＿＿＿＿＿＿、さわらないで。

[ばかりだ ／ ペンキを ／ ぬった ／ から]

③ A：Bさんは日本語の勉強を始めた＿＿＿＿＿＿＿＿＿＿上手ですね。

　　　にほんご　べんきょう　はじ　　　　　　　　　　じょうず

[のが ／ のに ／ 話す ／ ばかりな]

　　　　　　　　はな

B：いいえ。まだまだです。

2.

　今日クラスに新しい学生が入りました。フランス人のピエールさんです。

きょう　　　　あたら　　がくせい　はい　　　　　　　　　じん
アニメのキャラクターのTシャツを着ていたので、日本のアニメが（　１　）。

　　　　　　　　　　　　　　き　　　　　　　にほん
「そのキャラクター、かわいいですよね」と言ってみたら、ピエールさんは「こ

　　　　　　　　　　　　　　　　　い
れ、大すきなんです。フランスでは日本のアニメがたくさん見られます。子ど

　　だい　　　　　　　　　　にほん　　　　　　　　　　み
ものときから見ていて、ずっと日本で生活したいと思っていたんです」と言い

　　　　　み　　　　　　　にほん　せいかつ　　　　おも　　　　　　　　い
ました。それからいろいろ話してみたら、ピエールさんは日本へ（　２　）

　　　　　　　　　　　はな　　　　　　　　　　　　　にほん
日本のことをよく知っていて、いろいろ教えてもらいました。いい友だちがで

にほん　　　　　　し　　　　　　　　　　おし　　　　　　　　　　とも
きて、うれしいです。

（１）　1　あまりすきではないようです　　2　とてもすきなようです

　　　　3　見られません　　　　　　　　4　見てみたいです

　　　　　み　　　　　　　　　　　　　　み

（２）　1　来るところなのに　　　　　　2　来るところなので

　　　　く　　　　　　　　　　　　　　く

　　　　3　来たばかりなのに　　　　　　4　来たばかりなので

　　　　き　　　　　　　　　　　　　　き

日本語の勉強を始めたばかりの友だちに、どんなアドバイスをしますか。

に ほん ご　べんきょう　はじ　　　　　とも
．．．．．．．．＿＿＿＿＿＿＿＿＿＿＿＿＿＿＿＿＿＿＿＿＿＿＿＿＿

Lesson 22 ①

1. 🔊 042 a.～d.のどれですか。

① **a.** マイクさんとパクさん

　　b. パクさんとメリーさん

　　c. メリーさんとマリアさん

　　d. マイクさんとメリーさん

②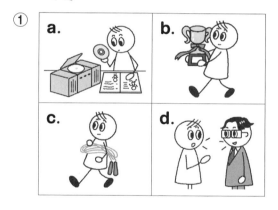

2. 🔊 043 a.～d.のどれですか。

① 　②

3. 🔊 044 a.～c.のどれですか。

① （ **a.** ・ **b.** ・ **c.** ）　② （ **a.** ・ **b.** ・ **c.** ）

Lesson 22 ②

1. 🔊 045 a.〜d.のどれですか。

① a. リさん

    b. 課長

    c. プリンターの会社の人

    d. アティさん

② a. じこでけがをした人

    b. けいさつかん

    c. 銀行ではたらいている人

    d. ビルの前を歩いていた人

2. 🔊 046 a.〜c.のどれですか。

①(a. ・ b. ・ c.)   ②(a. ・ b. ・ c.)   ③(a. ・ b. ・ c.)

Lesson 23 ①

STEP 1

1.

例) ここでたばこを（すわない→）<u>すうな！</u>／たばこはきつえん所で（すう→）<u>すえ！</u>

① 急いで（にげる→）＿＿＿＿＿＿＿＿＿／たて物の中に（もどらない→）＿＿＿＿＿＿＿＿＿

② （休まない→）＿＿＿＿＿＿＿＿＿＿＿／はやく（行く→）＿＿＿＿＿＿＿＿＿

③ （まけない→）＿＿＿＿＿＿＿＿＿＿＿／（がんばる→）＿＿＿＿＿＿＿＿＿

2.

例) 重い本を<u>入れたら</u>、かばんが<u>やぶれました</u>。

① 公園のベンチに＿＿＿＿＿＿＿＿＿、スカートがペンキで＿＿＿＿＿＿ました。

② 駅に＿＿＿＿＿＿＿＿＿＿＿、たいふうで電車が＿＿＿＿＿＿＿＿＿いました。

③ 今朝外に＿＿＿＿＿＿＿＿＿＿＿、雪が＿＿＿＿＿＿＿＿＿＿＿＿＿いました。

3.

例) Ａ：どうしたんですか。 ……… Ｂ：<u>あにに大切なカメラをこわされた</u>んです。

① Ａ：どうしたんですか。 ……… Ｂ：＿＿＿＿＿＿本を＿＿＿＿＿＿＿＿＿んです。

② A：Bさんのかさ、ないね。あ、それ？

B：これはCさんのだ。＿＿＿＿＿＿＿＿＿＿＿＿ちゃったのかな。

③ A：その足、どうしたんですか？ ……… B：電車の中で＿＿＿＿＿んです。

STEP 2

1.

① 友だちとラーメンを食べに＿＿＿＿＿＿＿＿＿＿＿＿＿、びっくりした。

[行ったら ／ いて ／ なくなって ／ 店が]

② ことばを＿＿＿＿＿＿＿＿＿＿＿＿＿＿＿＿＿＿＿ある。

[まちがえて ／ わらわれた ／ 友だちに ／ ことが]

2.

　今朝、電車の中で男が女の人のかばんからさいふを（　1　）のを見た。男はずっと女の人の近くに立っていた。そして、電車のドアが開いたとき、女の人のかばんに手を入れて、すぐに電車をおりた。ぼくは女の人に「さいふ、（　2　）」と言ってから、急いで電車をおりて、「（　3　）」と言いながら走った。男はちょっとこちらを見てにげたが、かいだんから落ちてひっくりかえった。そこへ駅員が来て、警察に連絡した。ぼくは女の人と駅員に「ありがとうございます」と（　4　）、うれしかった。

（1）　1　とる　　　2　とられる　　　3　とられた　　　4　とられている

（2）　1　とりますよ　　　　　2　とられましたよ

　　　3　とるんですか　　　　4　とられたんですか

（3）　1　待つ!　　　2　待つな!　　　3　待て!　　　4　待とう!

（4）　1　言ったので　　　　　2　言えて

　　　3　言えたから　　　　　4　言われて

STEP 3

何かされて、困ったことがありますか。

……… はい。＿＿＿＿＿＿＿＿に＿＿＿＿＿＿＿＿て、困りました。

Lesson 23 ②

STEP1

1.

例) トイレの水がながれないんです。　①　テレビ＿＿＿＿＿＿＿＿＿＿んです。

②　水＿＿＿＿＿＿＿＿＿＿んです。　③　グラス＿＿＿＿＿＿＿＿＿＿んです。

④　A：これ、中＿＿＿＿＿＿＿＿＿＿

　　　　いるんですが。

　店員：もうしわけありません。

⑤　A：あ、まど＿＿＿＿＿＿いるよ。

　B：ほんとうだ。閉めなくちゃ。

2. **例)** さいふがありません。落としたかもしれません。

①　あやまったら＿＿＿＿＿＿＿＿＿＿＿＿＿＿＿＿＿＿

②　雪がひどいので、明日学校は＿＿＿＿＿＿＿＿＿＿＿＿＿

③　旅行で＿＿＿＿＿＿＿＿＿＿から、保険に入りました。

④　博物館まで3キロです。小さい子どもが歩いて行くのは

　　＿＿＿＿＿＿＿＿＿＿＿から、タクシーにのりましょう。

落とした
休みだ
無理だ
けがをする
ゆるしてもらえる

3. **例)** A：マニュアルの日本語がむずかしくて、読んでも、わかりませんでした。

　　　B：英語のマニュアルもありますよ。どうぞ。

①　A：リモコンの赤いボタンを押すと、エアコンがつきます。

　　B：あれ？ ＿＿＿＿＿＿＿＿＿＿、つきませんよ。こわれているかもしれません。

②　A：このキャップ、右に回すと開くよ。 …… B：右に＿＿＿＿＿＿、開かない。

③　A：昨日さがしていたカメラ、見つかりましたか。
　　　　　　（きのう）　　　　　　　　　　　　　　（み）

　　B：いいえ。どこを＿＿＿＿＿＿＿＿＿＿＿＿＿＿＿＿＿＿＿＿＿んです。

STEP2

1.

①　母にほんとうの＿＿＿＿＿＿＿＿＿＿＿＿＿＿＿＿＿＿＿＿＿と思った。
　　　（はは）　　　　　　　　　　　　　　　　　　　　　　　　　　　　　（おも）

　　　　　　［ かもしれない ／ 話したら ／ おこられる ／ ことを ］
　　　　　　　　　　　　　　　　（はな）

②　A：このラジオ、電池＿＿＿＿＿＿＿＿＿＿＿＿＿＿＿＿＿出ないんだけど。
　　　　　　　　　　　　（でんち）　　　　　　　　　　　　　　　　（で）

　　　　　　　　　　［ を ／ が ／ 音 ／ 入れても ］
　　　　　　　　　　　　　　　　（おと）（い）

　　B：え、ちょっと見せて。電池が古いのかなあ。
　　　　　　　　　　　（み）　　（でんち）（ふる）

2.
┌───┐
│　**＊＊＊＊＊＊＊＊＊＊　【 HAホテル 】のレビュー　＊＊＊＊＊＊＊＊＊＊**

　投稿者：MATSUI　★★★★☆
　（とうこうしゃ）

　　このホテルに6月13日から16日までとまりました。部屋はきれいだった
　　　　　　　　（がつ）（にち）　（にち）　　　　　　　　（へや）
のですが、せんめん所の電気が（　1　）。スタッフの方がでんきゅうを
　　　　　　　　　（じょ）（でんき）　　　　　　　　　（かた）
（　2　）だめでした。「スイッチが（　3　）、一番上の階に部屋をご用意し
　　　　　　　　　　　　　　　　　　　（いちばんうえ）（かい）（へや）（ようい）
ます。」と言われました。めんどうだと思いましたが、とても広い部屋にして
　　　（い）　　　　　　　　　　　　（おも）　　　　　　（ひろ）（へや）
もらって、よかったです。
└───┘

（1）　1　つきます　　2　つきました　　3　つきません　　4　つきませんでした
（2）　1　とりかえても　　　　　　2　とりかえてから
　　　　3　とりかえたから　　　　　4　とりかえたので
（3）　1　こわれるので　　　　　　2　こわれるようだから
　　　　3　こわれたら　　　　　　　4　こわれているかもしれないから

STEP3

10年後、あなたはどこで何をしていると思いますか。
（ねんご）　　　　　　　（なに）　　　（おも）

．．．．．．．．＿＿＿＿＿＿＿＿＿＿＿＿＿＿＿＿＿＿＿＿＿＿＿と思います。
　　　　　　　　　　　　　　　　　　　　　　　　　　　　　（おも）

＿＿＿＿＿＿＿＿＿＿＿＿＿＿＿＿＿＿＿＿＿＿＿かもしれません。

Lesson 23 ③

STEP1

1.

例) 明日は雨でしょう。

① 今週は＿＿＿＿＿＿＿＿＿＿＿＿＿＿＿＿＿＿＿＿＿

② 今年のゴールデンウィークは海外へ行く人が去年より＿＿＿＿＿＿＿＿＿＿

③ 今年の冬はいつもより気温が＿＿＿＿＿＿＿＿＿＿＿＿＿＿＿＿

④ A：聞きましたか。南さんのお子さん、

　　入院したんですよ。

　B：え、そうなんですか。知りませんでした。

　　南さん、＿＿＿＿＿＿＿＿＿＿＿ね。

⑤ A：ただいま。外は雪だったよ。

　B：わあ、＿＿＿＿＿＿＿＿＿＿＿＿＿

　　ゆっくりおふろに入ってね。

2.

例) 今日は大きいたいふうが来て、学校が休みになりました。

① 課長が＿＿＿＿＿＿＿＿＿＿、打ち合わせは来週にへんこうになりました。

② あのアイドルはダンスが＿＿＿＿＿＿＿＿＿＿＿、人気があります。

③ ここはかんきょうが＿＿＿＿＿＿＿＿＿、住みやすいです。

1.

① アナウンサー：今週＿＿＿＿＿＿＿＿＿＿＿＿＿＿＿＿＿でしょう。

[晴れの ／ 大阪は ／ 多い ／ 日が]

② 昨日は電車が＿＿＿＿＿＿＿＿＿＿＿＿＿＿＿＿＿帰りました。

[歩いて ／ 止まって ／ じこで ／ いたので]

③ この本は漢字が＿＿＿＿＿＿＿＿＿＿＿＿＿＿＿たいへんです。

[読む ／ あって ／ たくさん ／ のが]

2.

> 井上さん、おはようございます。今朝、むすこがかいだんから落ちて、けがを（　1　）。今、病院にいます。お医者さんに「2週間ぐらい入院してください」と（　2　）、これから入院の説明を聞きます。話が（　3　）、すぐに会社に電話します。ほんとうにもうしわけありません。課長によろしくおつたえください。
>
> 小川

> 小川さん、ご連絡ありがとうございます。むすこさんのこと、（　4　）。どうぞお大事になさってください。課長にもつたえましたので、こちらはだいじょうぶです。
>
> 井上

（1）　1　しました　　　　　2　したでしょう

　　　　3　したようです　　　　4　したかもしれません

（2）　1　言うので　　2　言ったので　　3　言われて　　4　言われたのに

（3）　1　終われば　　2　終わっても　　3　終わったので　　4　終わったら

（4）　1　ご心配だと思いませんか　　　　2　ご心配でしょうね

　　　　3　ご心配なんです　　　　　　　　4　ご心配なようです

じゅぎょうや仕事、やくそくの時間におくれたことがありますか。

……… はい。＿＿＿＿＿＿＿＿＿＿＿＿＿＿＿＿＿＿＿＿て、

＿＿＿＿＿＿＿＿＿＿＿におくれました。

Lesson 23 ①

1. ◀ 047 a.〜c.のどれですか。

①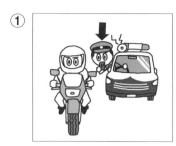
（ a. ・ b. ・ c. ）

②
（ a. ・ b. ・ c. ）

③
（ a. ・ b. ・ c. ）

2. ◀ 048 a.〜d.のどれですか。

① **a.** 昨日の夜
　 b. 今朝
　 c. 子どものとき
　 d. 病院へ来るとき

② **a.** さいふをなくしたから
　 b. さいふをとられたから
　 c. さいふを落としたから
　 d. さいふが見つかったから

Lesson 23 ②

1. ◀ 049 a.〜c.のどれですか。

①（ a. ・ b. ・ c. ）　　②（ a. ・ b. ・ c. ）

2. ◀ 050 a.〜c.のどれですか。

①
（ a. ・ b. ・ c. ）

②
（ a. ・ b. ・ c. ）

③
（ a. ・ b. ・ c. ）

3. 🔊 051 a.～d.のどれですか。

① a. おべんとうとカメラ

　 b. 電話とさいふ

　 c. さいふとかさ

　 d. 電話とさいふとかさ

② a. 今、入る。

　 b. あとでサービスセンターに連絡して入る。

　 c. 考える。

　 d. 入らない。

Lesson 23 ③

1. 🔊 052 a.～d.のどれですか。

① a. 午前晴れ、午後くもり

　 b. 午前くもり、午後晴れ

　 c. 午前雨、午後くもり

　 d. 午前晴れ、午後雨

② a. おまつり

　 b. 新年会

　 c. 結婚式

　 d. 旅行

2. 🔊 053 a.～c.のどれですか。

①（ a. ・ b. ・ c. ）　　②（ a. ・ b. ・ c. ）　　③（ a. ・ b. ・ c. ）

Lesson 24 ①

STEP 1

1.

読む　出張する　会う　出なかった　そだてた

よ　しゅっちょう　あ　で

例) 社長は毎朝、新聞を<u>読ま</u>れます。
れい　しゃちょう　まいあさ　しんぶん　よ

① 部長は明日の午後、おきゃくさまに_____
ぶちょう　あした　ごご

② 部長は来週ミャンマーへ_____
ぶちょう　らいしゅう

③ これは課長がにわで_____花です。
かちょう　はな

④ 課長は昨日の会議に_____
かちょう　きのう　かいぎ

2.

例) チェさんは朝から<u>いそがしそう</u>です。
れい　あさ

① けがをした友だちに会いに行ったが、思ったより_____で、安心した。
とも　あ　い　おも　あんしん

② A：あそこにすわる？　きれいかな？

　 B：うーん…。あまりきれいじゃ_____よ。あっちにしよう。

③ A：ねえ、このレストランで食べない？　新しくて、きれいな店だよ。
た　あたら　みせ

　 B：あ、ほんとうだ。_____店だね。ここにしよう。
みせ

3.

① 社長がおみやげを_____　② 兄がプレゼントを_____
しゃちょう　あに

③ A：おいしそうなおかしですね。……… B：課長が_____んですよ。
かちょう

④ A：きれいないろのシャツですね。……… B：むすめが父の日に_____んです。
ちち　ひ

1.-1

例) → ✏ → ：南さんが山田さんにペンをあげました。
南   山田   山田さんが 南さんにペンをもらいました。

① ← 💐 ← ：高田さんが水川さんに花を＿＿＿＿＿＿＿＿＿＿
高田   水川   水川さんが高田さんに花を＿＿＿＿＿＿＿＿＿＿

② 私 ← 💻 ← ：父にパソコンを＿＿＿＿＿＿／父がパソコンを＿＿＿＿＿

③ 私 ← 📕 ← ：課長に本を＿＿＿＿＿＿／課長が本を＿＿＿＿＿＿

④ 私 → 🎁 → ：友だちにプレゼントを＿＿＿＿＿＿＿＿＿＿＿＿

1.-2

① スピーチ大会に出たとき、先生に花を（ **a.** いただいた ・ **b.** くださった ）。

② A：それ、いい時計ですね。

    B：ありがとうございます。去年のたんじょう日に父が

      （ **a.** あげた ・ **b.** くれた ）んです。

2.

① この店は、ネットで見た＿＿＿＿＿＿＿＿＿＿＿＿＿＿あまりよくなかった。

             [よさそうだったが ／ 行って ／ みたら ／ ときは]

② これは部長が＿＿＿＿＿＿＿＿＿＿＿＿＿＿＿＿＿＿＿です。

             [中国から ／ 持って ／ 資料 ／ 来られた]

① 課長が連休に旅行して、楽しかったと言いました。課長にどんな質問をしますか。

    ………「＿＿＿＿＿＿＿＿＿＿＿＿＿＿＿＿＿＿＿＿＿＿」と聞きます。

② 日本語の勉強を始める前、日本語はどうだと思っていましたか。

    ………＿＿＿＿＿＿＿＿＿＿＿＿＿＿＿＿＿＿＿そうだと思っていました。

Lesson 24 ②

STEP 1

1.

例) 社長が会社を作られたときのお話をしてくださいました。

① 社長の奥さまが30年前の会社の写真を＿＿＿＿＿＿＿＿＿＿＿＿＿

② 昨日支店長が私のプレゼンを＿＿＿＿＿＿＿＿＿＿＿＿＿＿＿＿＿

③ 昨日の夜、課長がおいしい和食を＿＿＿＿＿＿＿＿＿＿＿＿＿＿＿

④ 日本へ来るとき、家族がくうこうまで車で＿＿＿＿＿＿＿＿＿＿＿

⑤ いつもチンさんが漢字の読み方を＿＿＿＿＿＿＿＿＿＿＿＿＿＿＿

⑥ つまは毎年、私のたんじょう日にケーキを＿＿＿＿＿＿＿＿＿＿＿

2.

例) A：コピーきの調子が悪いようなので、コンビニでコピーして来ます。

　　B：はい。

① A：会社の前のビルにジムができたんですよ。

　　B：え、そうなんですか。昼休みにパンフレットを＿＿＿＿＿＿＿

② A：赤いペンがなくなったので、ちょっと＿＿＿＿＿＿＿＿＿＿＿＿

　　B：赤いペンがいるなら、私のを貸しますよ。

③　A：じゅぎょうの後で、アイスクリームを食べに行かない？
　　B：うん、行こう。あ、タンさんも行くかな？　タンさんに＿＿＿＿＿＿＿＿＿ね。

1.

①　A：コーヒーを飲みに行きましょう。
　　B：いいですね。さいふを＿＿＿＿＿＿＿＿＿＿＿＿＿＿＿いただけませんか。
　　　　　　　　　　　　　[ので ／ 待って ／ 取って ／ 来る]

②　A：昨日、たいふうで電車が止まっちゃったけど、どうやって帰ったの？
　　B：大下さんの＿＿＿＿＿＿＿＿＿＿＿＿＿＿＿、車で送ってもらったんだよ。
　　　　　　　　　　[くれて ／ むかえに ／ お兄さんが ／ 来て]

2.

　　山口先生、今日アルバイトのめんせつを（　１　）。初めてのめんせつで
したから、とても心配でしたが、先生に発音とかぶんぽうとか話し方とかを
ちゃんと教えて（　２　）、たすかりました。おかげさまで、今日はとてもうま
くいきました。店長にいろいろなことを聞かれましたが、言いたいことがぜん
ぶ言えました。めんせつのあと、店長が私の日本語を（　３　）、すぐアル
バイトもきまりました。　本当にありがとうございました。　　　　　　ウー

（１）　　1　受けて行きました　　　2　受けるつもりです

　　　　　3　受けたようです　　　　4　受けて来ました

（２）　　1　さしあげて　　　　　　2　いただいて

　　　　　3　くださって　　　　　　4　いらっしゃって

（３）　　1　ほめて　　　　　　　　2　ほめられて

　　　　　3　ほめてくださって　　　4　ほめてもらって

具合が悪くなったとき、だれがどんなことをしてくれましたか。
……………＿＿＿＿＿＿＿＿＿＿＿＿＿＿＿＿＿＿＿＿＿＿＿＿＿＿

Lesson 24 ③

STEP 1

1.

例) 昨日山田さんに車でうちへ<u>送っていただきました</u>。
きのうやまだ　　くるま　　　　　　　　　おく

① 結婚式で課長にスピーチを＿＿＿＿＿＿＿＿＿＿＿＿＿＿＿＿＿
けっこんしき　かちょう

② 重いにもつを＿＿＿＿＿＿＿＿＿＿＿＿＿＿＿＿て、ありがとうございました。
おも

③ Ａ：いい店だね。……… Ｂ：ここ、課長に＿＿＿＿＿＿＿＿＿＿＿んだよ。
みせ　　　　　　　　　　　　　かちょう

2.

① Ａ：テストが早く終わったら、帰ってもいいですか。
はや　お　　　　　　かえ

　　先生：いいえ。早く＿＿＿＿＿＿＿＿＿＿＿＿＿＿、帰ってはいけません。
せんせい　　　　はや　　　　　　　　　　　　　　　　　　　　かえ

② Ａ：このスイーツ、とても有名なんですよ。
ゆうめい

　　Ｂ：へえ。日本で＿＿＿＿＿＿＿＿、私の国ではだれも知らないと思います。
にほん　　　　　　　　わたし　くに　　　　　　し　　　　おも

③ Ａ：この店、初めて来たけど、サービスがいいね。
みせ　はじ　き

　　　結婚記念日につまと来ようかな。
けっこんきねんび　　　　こ

　　Ｂ：サービスが＿＿＿＿＿、料理はちょっと…。 もっといい店があると思うよ。
りょうり　　　　　　　　　　　　　　みせ　　　　おも

3.

例) <u>朝起きたとき</u>、コップ1ぱいの水を飲んだら、体の調子がよくなりますよ。
あさお　　　　　　　　　　　　みず　の　　　からだ　ちょうし

① 来週ゼミの友だちに＿＿＿＿＿＿＿、旅行のおみやげをわたそうと思っています。
らいしゅう　とも　　　　　　　　　りょこう　　　　　　　　　　おも

② Ａ：そのペン、書きやすそうですね。私もほしいんですけど、どこで買ったんですか。
か　　　　　　わたし　　　　　　　　　　　か

　　Ｂ：ＨＡデパートです。今度ＨＡデパートへ＿＿＿＿＿＿、買って来ましょうか。
こんど　　　　　　　　　　　　か　　き

③ Ａ：昨日初めて「シルニキ」を食べたんだけど、すごくおいしかった。
きのうはじ　　　　　　　　た

　　Ｂ：わあ、私の国のおかしだね。私もときどき作るよ。
わたし　くに　　　　　　　わたし　　　　　つく

　　　今度＿＿＿＿＿＿＿、持って来るね。
こんど　　　　　　　　　も　く

1.

① 部長に＿＿＿＿＿＿＿＿＿＿＿＿＿＿＿＿＿＿＿＿＿＿＿家族に見せた。

[写真を ／ いただいた ／ とって ／ そうべつ会の]

② この料理はとてもおいしかったので、今度＿＿＿＿＿＿＿＿＿＿＿＿たのもう。

[同じ ／ ときも ／ 来た ／ ものを]

③ A：このイベントのしめきりは昨日でしたが、今、申し込めませんか。

B：去年＿＿＿＿＿＿＿＿＿＿＿＿＿＿＿＿＿＿＿＿だいじょうぶですよ。

[今日 ／ 参加された ／ でも ／ 方は]

2.

みなさん、半年間、たいへんお世話になりました。ひっこして、こちらまでアルバイトに来るのがむずかしくなりました。こちらでたくさんのことを（　１　）。本当にありがとうございました。アルバイトを（　２　）、みなさんのことはわすれません。近くへ（　３　）、よりたいと思います。これはおれいのおかしです。どうぞめしあがってください。　　　　　マリア

（１）　　1　教えてあげました　　　　2　教えていらっしゃいます

　　　　3　お教えになっています　　4　教えていただきました

（２）　　1　やめても　　　2　やめたら　　　3　やめれば　　　4　やめるとき

（３）　　1　うかがったので　　　　2　いらっしゃったら

　　　　3　来たときは　　　　　　4　行ったから

① あなたはお世話になった人がいますか。どんなとき、だれにお世話になりましたか。

……… はい。＿＿＿＿＿＿＿＿＿＿＿＿＿＿とき、＿＿＿＿＿＿＿＿＿＿＿さんに

＿＿＿＿＿＿＿＿＿＿＿＿＿＿＿＿＿＿＿＿＿＿＿＿＿ていただきました。

② たからくじで100万円当たったら、ぜんぶちょきんしますか。

……… いいえ。＿＿＿＿＿＿＿＿＿＿＿＿＿＿ても、＿＿＿＿＿＿＿＿＿＿。

100万円＿＿＿＿＿＿＿＿たら、私は＿＿＿＿＿＿＿＿＿＿＿＿＿＿＿＿

Lesson 24 ①

1. 🔊 054 a.〜c.のどれですか。

①

（ a. ・ b. ・ c. ）

②

（ a. ・ b. ・ c. ）

③

（ a. ・ b. ・ c. ）

2. 🔊 055 a.〜d.のどれですか。

①

② a.（火）AM8：00／（金）AM8：00
　　 か　　　　　　　　　きん
b.（火）PM8：00／（金）PM8：00
　　 か　　　　　　　　　きん
c.（水）AM8：00／（金）PM8：00
　　 すい　　　　　　　　きん
d.（水）PM8：00／（金）AM8：00
　　 すい　　　　　　　　きん

3. 🔊 056 a.〜c.のどれですか。

①（ a. ・ b. ・ c. ）　　②（ a. ・ b. ・ c. ）

Lesson 24 ②

1. 🔊 057 a.〜d.のどれですか。

① a. 支店長の奥さまといっしょにイギリスへ行ったから
　　 してんちょう おく　　　　　　　　　　　　　い
b. 支店長の奥さまに英語を教えたから
　　 してんちょう おく　　えいご　おし
c. 支店長のむすめさんが英語を教えてくださったから
　　 してんちょう　　　　　　えいご　おし
d. 支店長のむすめさんが大学にごうかくしたから
　　 してんちょう　　　　　　だいがく

② a. 作文
　　 さくぶん
b. はつおん
c. ぶんぽう
d. 漢字
　　 かんじ

2. 🔊058 a.〜d.のどれですか。

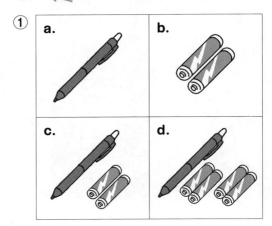
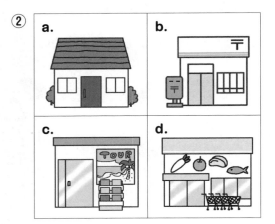

Lesson 24 ③

1. 🔊059 a.〜c.のどれですか。

(**a.** ・ **b.** ・ **c.**)　　　(**a.** ・ **b.** ・ **c.**)

2. 🔊060 a.〜d.のどれですか。

① **a.** 社長がご主人をゴルフにさそったから
　　　<small>しゃちょう　しゅじん</small>
　 b. ご主人がゴルフに行ったから
　　　<small>しゅじん　　　い</small>
　 c. ご主人が記念日を忘れていたから
　　　<small>しゅじん　きねんび　わす</small>
　 d. ご主人が食事の時間をへんこうするから
　　　<small>しゅじん　しょくじ　じかん</small>

② **a.** たからくじがすきだから
　 b. 車とか家とかを買いたいから
　　　<small>くるま　いえ　　か</small>
　 c. そばをたくさん食べたいから
　　　<small>た</small>
　 d. そば屋を作りたいから
　　　<small>や　つく</small>

3. 🔊061 a.〜c.のどれですか。

①(**a.** ・ **b.** ・ **c.**)　　②(**a.** ・ **b.** ・ **c.**)　　③(**a.** ・ **b.** ・ **c.**)

Lesson 25 ①

STEP 1

1.-1

かくにんする	練習をする	調べる	かざる

例) プレゼンの前に、もう1回資料を<u>かくにんしておきます。</u>

① 明日おきゃくさまがいらっしゃるので、部屋に花を＿＿＿＿＿＿＿＿＿＿

② 校長先生のめんせつがあるので、話す＿＿＿＿＿＿＿＿なくてはいけません。

③ A：先生、私、そつぎょうしたら、大学へ行きたいんです。

　　先生：じゃあ、行きたい大学を＿＿＿＿＿＿＿＿＿ほうがいいですよ。

1.-2

さがす	セットする	入れる	きめる

例) A：連休に京都へ行かない？ ……… B：行きたい。安くていいツアーを<u>さがしとく</u>よ。

① A：その本、Bさんの？ ……… B：そう。忘れたら困るから、かばんに＿＿＿＿

② A：スマホをなくしたら、どうやって連絡する？

　　B：ほうほうを＿＿＿＿＿＿＿＿＿＿なくちゃね。

③ A：明日は4時に起きなくちゃ。

　　B：じゃあ、アラームを＿＿＿＿＿＿＿＿＿ほうがいいね。

2.

知っています	だいじょうぶです	新しいです	行きました	金曜日です

例) 兄は京都に住んでいたので、京都の有名な所をいろいろ<u>知っている</u>はずです。

① A：今週の会議はいつですか。

　　B：課長は木曜日まで出張なので＿＿＿＿＿＿＿＿＿＿＿

② A：サラさんはいますか。

　　B：え、サラさんですか。X社の新商品発表会に＿＿＿＿＿＿＿＿が…。

③ A：この仕事、リさんにたのみたいんですが、いそがしいでしょうか。

　　B：リさんは今あまりいそがしくないので、＿＿＿＿＿＿＿＿です。

④ A：このぎゅうにゅうのあじ、ちょっと変じゃない？　古いの？

　　B：え？　今朝開けたばかりだから、＿＿＿＿＿＿＿＿なんだけど…。

1.

① 今夜友だちが来る＿＿＿＿＿＿＿＿＿＿＿＿＿＿＿＿＿＿＿＿つもりです。

[おく ／ ので ／ ひやして ／ 飲み物を]

② A：ラマさん、家が近いのに、おそいね。まだねてるのかな。

B：さっき電話で起こした＿＿＿＿＿＿＿＿＿＿＿＿＿＿＿＿＿なんだけど。

[はず ／ 着く ／ から ／ そろそろ]

2.

＊＊＊＊＊**翻訳ボランティア募集**＊＊＊＊＊

　みどり市では先月、大きい地震がきたときのマニュアルを作って、みなさんにおとどけしました。でも、みどり市に住んでいらっしゃる外国人の中には日本語のマニュアルが読めない方も（　１　）。ですから、いろいろな国のことばにほんやくしたマニュアルを（　２　）、ほしいとおっしゃる方におわたしすることになりました。ほんやくを手伝っていただける方はこちらまでご連絡ください。

≪ **みどり市国際交流課** ≫：midori_kouryu＊＊＊＊＠midori.com

（1）　　1　いらっしゃいます　　　　　2　いらっしゃいません

　　　　　3　いらっしゃらないようです　4　いらっしゃらないはずです

（2）　　1　作ったばかりで　　　　　　2　作られたのですが

　　　　　3　作っていただいたので　　　4　作っておいて

① すきな人と今度の週末初めて出かけます。どんな準備をしますか。

……… ＿＿＿＿＿＿＿＿＿＿＿＿＿＿＿＿＿＿＿＿＿＿＿＿＿＿＿＿＿

② 家族／友だち は今何をしていると思いますか。

……… ＿＿＿＿＿＿＿＿＿＿＿＿＿＿＿＿＿＿＿＿＿＿＿＿から、

＿＿＿＿＿＿＿＿＿＿＿＿＿＿＿＿＿＿＿＿＿＿＿＿はずです。

Lesson 25 ②

STEP 1

1.

① A：もう会議の資料を＿＿＿＿＿＿＿＿＿＿＿＿＿＿＿＿＿＿＿か。

　　B：いいえ、まだ＿＿＿＿＿＿＿＿＿＿＿。チェックしてから、いんさつします。

② A：もう試験のお金を＿＿＿＿＿＿＿＿＿＿＿＿＿＿＿＿

　　B：いいえ、まだ＿＿＿＿＿＿＿＿＿＿＿＿＿＿。明日の朝、ふりこみます。

③ A：ねえ、もう国からの荷物を＿＿＿＿＿＿＿＿＿＿＿＿＿＿＿＿？

　　B：ううん、まだ＿＿＿＿＿＿ない。昼休みにコンビニへ受け取りに行くよ。

2.

① A：子どもの新幹線のきっぷは大人の半額ですか。

　　B：はい。お子さまが (小学生以下です→) ＿＿＿＿＿＿＿＿＿＿場合は、

　　大人料金の半額です。

② A：すみません。先週から右の歯が痛いんですが…。

　　受付の人：予約が (ありません→) ＿＿＿＿＿＿＿＿＿＿＿場合は、

　　30分ぐらいお待ちいただきますが…。

3.-1 例) A：あ、もう10時だ。 ……… B：本当だ。うちへ (帰る→) <u>帰ら</u>なきゃ。

① A：あ、けいたい電話の電池がないよ。

　　B：そうだね。(じゅうでんする→) ＿＿＿＿＿＿＿＿＿＿＿＿＿＿

② A：あ、このヨーグルトのしょうみきげん、2週間前だったのに食べちゃった。

　　B：えっ、食べる前にちゃんと (かくにんする→) ＿＿＿＿＿＿＿＿＿＿

3.-2 例) やちんは月末までに (はらう→) <u>はらわなければなりません</u>。

① 両親が来るので、空港へ (むかえに行く→) ＿＿＿＿＿＿＿＿＿＿＿＿

② A：その試験はいつまでに (申し込む→) ＿＿＿＿＿＿＿＿＿＿＿＿か。

　　先生：来週の金曜日までです。忘れないようにしてくださいね。

1.

① A：クリスマスにあげたシャンパンをもう飲みましたか。

B：いいえ。まだ（　　　　　）んです。

　1　飲んだ　　　　　　　　　　2　飲まなかった

　3　飲んでいない　　　　　　　4　飲めなかった

② A：このツアーはオーシャンビューの部屋にとまれるんだね。

B：うん。しかも、じょせい二人（　　　　　）場合、特別にプレゼントが

　もらえるんだよ。

　1　を　　　2　が　　　3　な　　　4　の

③ 有名なお寺に来たんだから、みんなで記念写真を（　　　　　）。

　1　とらなきゃ　　　2　とるな　　　3　とったし　　　4　とれない

2.

① チケットをネットで＿＿＿＿＿＿＿＿＿＿＿＿＿＿＿＿＿ひつようです。

　　　　　［ クレジットカードの ／ 場合は ／ 番号が ／ 予約する ］

② A社から電話がかかって＿＿＿＿＿＿＿＿＿＿＿ので、出かけられない。

　　　　　［ のを ／ 待たなければ ／ 来る ／ ならない ］

③ A：大川さんは課長が会社をおやめに＿＿＿＿＿＿＿＿＿いますか。

　　　　　　　　［ もう ／ 知って ／ ことを ／ なる ］

B：いいえ。大川さんはたぶんまだ知らないと思います。

① 来月の 授業料／やちん をもうはらいましたか。……… いいえ、＿＿＿＿＿＿

② 旅行の前に、何をしなければなりませんか。

　………＿＿＿＿＿＿＿＿＿＿＿＿＿＿＿＿＿なければなりません。

Lesson 25 ③

STEP 1

1.

例) 私は会社へ毎日おべんとうを<u>作って来ます。</u>

① 昼ご飯はコンビニでおにぎりを＿＿＿＿＿＿＿＿＿＿、いつも会社で食べています。

② 先生：明日はテストをするので、教科書を＿＿＿＿＿＿＿＿＿＿＿＿ください。

③ A：図書館によって、Bさんが読みたいと言ってた本を＿＿＿＿＿＿＿＿＿よ。

　　B：わあ！　ありがとう。

2.

例) 来週、友だちの結婚式に、新しいワンピースを<u>着て行く</u>つもりです。

① 昨日、雪が降っていたので、山へ厚いズボンを＿＿＿＿＿＿＿＿＿＿ました。

② 明日友だちと待ち合わせして、先生のおみまいに花屋で花を＿＿＿＿＿＿＿

③ A：それ、何？

　　B：カイロ。寒い日に出かけるときはカイロを＿＿＿＿＿＿＿＿らいいと

　　教えてもらったの。

3. 例) A：会議の準備はしましたか。 ……… B：はい、してあります。

① A：そうこのドアのかぎはかけましたか。 ……… B：はい、＿＿＿＿＿＿＿＿

② A：つくえといすはならべましたか。 ……… B：はい、＿＿＿＿＿＿＿＿

③ A：電気をつけておいてください。 ……… B：もう＿＿＿＿＿＿＿＿

1.

① プロジェクターの＿＿＿＿＿＿＿＿＿＿＿＿＿＿＿＿＿＿＿＿＿＿＿あります。

　　　　　　　[とき ／ 切って ／ でんげんは ／ 使わない]

② A：もしもし。今駅だよ。飲み物はある？

　　B：ううん、ない。コンビニに＿＿＿＿＿＿＿＿＿＿＿＿＿＿＿＿くれない？

　　　　　　　[何か ／ 来て ／ よって ／ 買って]

③ 会議の資料は＿＿＿＿＿＿＿＿＿＿＿＿＿＿＿＿、どうぞ1部お取りください。

　　　　　　　[置いて ／ 入り口に ／ あります ／ ので]

2.

> 　私は主人と夏休みにハワイへ行く予定だ。飛行機とホテルはもう予約（　1　）。すてきなホテルが予約できて、うれしい。毎日ガイドブックを見ているので、ハワイの有名な所はだいたいわかった。雨がよく降るとガイドブックに書いてあったから、かさとレインコートをかばんに入れて（　2　）と思っている。ハワイへ行くときは、新しいシャツを（　3　）。それは来週買いに行くつもりだ。旅行まであと1か月あるが、とても楽しみだ。

（1）　1　するつもりだ　　2　するはずだ　　3　しておく　　4　してある

（2）　1　おく　　　　2　行こう　　　3　ある　　　4　来た

（3）　1　着に行きたい　　　　　　　2　着に来たい

　　　3　着て行きたい　　　　　　　4　着て来たい

今度の週末、どこへ何をしに行きますか。

........＿＿＿＿＿＿＿＿＿＿＿＿＿＿＿＿＿＿＿＿＿＿＿＿＿＿＿＿＿＿＿

そこへ何を持って行きますか。何を着て行きますか。

........＿＿＿＿＿＿＿＿＿＿＿＿＿＿＿＿＿＿＿＿＿＿＿＿＿＿＿＿＿＿＿

Lesson 25 1

1. ◀️062 a. ～ d.のどれですか。

① a. 有名な所
　 b. 食べ物
　 c. 食べ物とことば
　 d. 有名な所と食べ物とことば

② a. みんなに連絡する。
　 b. 花見の場所へ早く行く。
　 c. おべんとうを取りに行く。
　 d. 店を調べる。

2. ◀️063 a. ～ c.のどれですか。

① (a. ・ b. ・ c.)　　② (a. ・ b. ・ c.)　　③ (a. ・ b. ・ c.)

Lesson 25 2

1. ◀️064 a. ～ d.のどれですか。

①

② a. 会議を始める。
　 b. 会議の案内のメールを送る。
　 c. 部長と話す。
　 d. 会議の部屋を予約する。

2. ◀️065 a. ～ d.のどれですか。

① a. いつもより早く学校へ行く。
　 b. コーチに電話をする。
　 c. コーチと相談する。
　 d. 家にいる。

② a. 4,100円
　 b. 4,400円
　 c. 4,600円
　 d. 4,800円

3. 🔊 066 a.〜c.のどれですか。

① (a. ・ b. ・ c.)　　② (a. ・ b. ・ c.)　　③ (a. ・ b. ・ c.)

Lesson 25 ③

1. 🔊 067 a.〜c.のどれですか。

(a. ・ b. ・ c.)　　(a. ・ b. ・ c.)　　(a. ・ b. ・ c.)

2. 🔊 068 a.〜d.のどれですか。

① 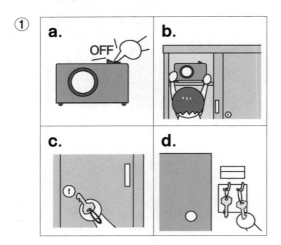　　②

Lesson 26 ①

STEP 1

1.

例)　A：Cさんは大阪に住んでいるそうです。…… B：へえ。大阪ですか。

① A：今日の新年会の出席者は何人ですか。

　　B：さっきCさんにかくにんしました。＿＿＿＿＿＿＿＿＿＿＿＿＿＿＿＿＿

② A：天気予報に＿＿＿＿＿＿＿＿、明日は＿＿＿＿＿＿＿＿＿＿＿＿＿＿＿よ。

　　B：そうですか。じゃあ、かさを持って行かなくてもいいですね。

③ A：Cさんの話に＿＿＿＿＿＿＿＿＿、支社のビルは＿＿＿＿＿＿＿＿＿＿＿

　　B：いいですねえ。本社のビルも駅から近かったら、いいんですが。

④ A：この会社の名前、聞いたことありますか。

　　B：はい。Cさんに＿＿＿＿＿＿＿＿んですが、

　　　　この会社、＿＿＿＿＿＿＿＿＿＿＿＿＿＿＿よ。

2.

例)　A：来週の水曜日、中国旅行のビザの申し込みに大使館へ行くつもりなんです。

　　B：えっ。Cさんが、来週の水曜日、大使館は休みだと言っていましたよ。

① A：＿＿＿＿＿＿＿＿＿＿＿＿＿＿＿＿＿＿＿＿＿＿＿＿＿＿＿＿＿＿＿＿＿

　　B：そうなんですか。何かおいわいをあげたいですね。

② A：じつは絵を習いたいと思っているんですが、いい先生が見つからないんです。

　　B：Cさんに聞いてみたらどうですか。＿＿＿＿＿＿＿＿＿＿＿＿＿＿＿よ。

③　Ａ：＿＿＿＿＿＿＿＿＿＿＿＿＿＿＿＿＿＿＿＿＿＿＿＿＿＿＿＿＿＿

　　Ｂ：そうなんですか。たいへんですね。

3.　例） 部長：Ａさんに会議室に（来てください → ）来るように伝えてください。

①　課長：Ａさんに研修に（参加してください → ）＿＿＿＿＿＿＿＿＿伝えてください。

②　先生：Ａさんにゆっくり（休んでください → ）＿＿＿＿＿＿＿＿＿言ってください。

③　店長：Ａさんに（ちこくしないでください→ ）＿＿＿＿＿＿＿＿＿言ってください。

STEP 2

1.

①　医者に具合がよくなるまでおさけは飲まない（　１　）言われてしまった。

　　１　そうだと　　　２　ようにと　　　３　かもしれないと　　　４　はずだと

②　Ａ：テレビで見たんですが、りんごを食べると体の調子がよくなる（　２　）よ。

　　Ｂ：ああ。それでＡさんは最近毎日りんごを食べているんですね。

　　１　そうです　　　２　はずです　　　３　つもりです　　　４　ところです

2.

①　Ａさんが、駅で＿＿＿＿＿＿＿＿＿＿＿＿＿＿＿＿＿＿＿＿＿＿＿いました。

　　　　　　　　　　[言って ／ 見た ／ 花田さんを ／ と]

②　課長の話に＿＿＿＿＿＿＿＿＿＿＿＿＿＿＿＿＿＿＿＿＿＿そうです。

　　　　　　　　　　[ロビーの ／ まどガラスが ／ よると ／ われていた]

STEP 3

最近友だちに聞いたことを教えてください。

………＿＿＿＿＿＿＿＿＿によると、＿＿＿＿＿＿＿＿＿＿＿＿＿＿＿＿＿＿

＿＿＿＿＿＿＿＿＿＿＿＿＿＿＿＿＿＿＿＿＿＿＿＿＿＿＿そうです。

Lesson 26 ②

STEP 1

1.

例) A：Cさんに聞いたんだけど、あの店、<u>おいしいって。</u>

　　B：じゃあ、今度行ってみよう。

① A：みどり公園のさくら、_____ ……… B：へえ。見に行きたいね。

② A：Cさんから電話があって、今日はかぜをひいて、_____

　　B：そう。じゃあ、ざんねんだけど、今日は二人で行こう。

③ A：知ってる？ Cさんが一番すきなおかしは_____ ！

　　B：え、そうなの？ じゃあ、今度あそびに行くとき、持って行こう。

2.

例) A：夏休みの予定、決めましたか。 ……… B：はい。<u>国へ帰ることにしました。</u>

① A：そつぎょうしたら、しゅうしょくしたいそうですね。

　　B：前はそう考えていたんです。でも、せんもん学校を_____

② A：体重がふえちゃったの？ それなら、毎日軽い運動をしたらどう？

　　B：そうだね。じゃあ、毎朝家の近くの公園で_____よ。

③ A：Bさんのマンション、すてきですね。私もあんなところに住みたいです。

　　B：いや、それが…。じつは_____んですよ。やちんが高くて。

1.

① A：さっき、リンさんと何話してたの？

B：リンさん、カナダへ行ってオーロラを（　　　）。

1　見ちゃった　　2　見てみよう　　3　見たんだって　　4　見たよ

② A：この本、読みましたか。すごくいいストーリーでした。おすすめですよ。

B：そうですか。じゃあ、今日買って、読んで（　　　）。

1　みると言っていました　　　　　　2　みるそうです

3　みませんか　　　　　　　　　　　4　みることにします

③ A：Bさん、旅行の行き先をへんこうしたんだって？

B：うん。九州に行くつもりだったんだけど、安いツアーがなくて、

京都へ（　　　）。

1　行くことにした　　　　　　　　　2　行っちゃった

3　行くはずだよ　　　　　　　　　　4　行くって言ってた

2.

① 試験を受けるので、明日から6時に＿＿＿＿＿＿＿＿＿＿＿＿＿＿＿＿した。

[勉強する ／ に ／ こと ／ 起きて]

② A：タンさんは映画を＿＿＿＿＿＿＿＿＿＿＿＿＿＿って。 ……… B：そう。

[なら ／ いい ／ ラブストーリーが ／ 見る]

③ A：ももかさんが公園で＿＿＿＿＿＿＿＿＿＿＿＿＿＿＿＿んだって。

[ひろった ／ けがを ／ 子犬を ／ している]

B：へえ。うちでかうのかな。

最近何か自分で決めたことはありますか。それは何ですか。

……… はい。＿＿＿＿＿＿＿＿＿＿＿＿＿＿＿＿＿＿＿＿ことにしました。

Lesson 26 ③

STEP 1

1.

例) A：春田さん、ハワイへ<u>行ったらしいです</u>よ。 ……… B：へえ、いいですねえ。

① A：支店に転勤した田中さん、年末会社を＿＿＿＿＿＿＿＿＿＿＿＿＿＿＿＿＿よ。

　 B：そうなんですか。

② A：トムさんはなっとう、＿＿＿＿＿＿＿＿＿＿＿＿＿よ。 ……… B：へえ、そうなんだ。

③ A：だいじょうぶ？ 駅前の新しい病院、＿＿＿＿＿＿＿＿＿＿＿＿＿＿＿＿よ。

　 B：じゃあ、行って来る。

④ A：営業部のCさんは歌が＿＿＿＿＿＿＿＿＿＿＿＿＿＿＿＿＿＿＿よ。

　 B：へえ。聞いてみたいですね。

⑤ A：木下さんの奥さんは＿＿＿＿＿＿＿＿＿＿＿＿＿＿＿＿＿＿＿よ。

　 B：へえ。二人はどこで知り合ったのかな。

2. 例) A：飲むと外国語が上手に話せる薬ができたらいいですね。

　　　 B：そうですね。でも、そんな薬はできないと思います。

① A：駅から近くて、新しくて、やちんが安いマンションに住みたいな。

　 B：＿＿＿＿＿＿＿＿＿＿＿＿＿＿＿＿＿＿＿＿＿、ぜったいにどこにもないと思うよ。

② 警官：この近くで、せが高くて、かみがピンク色の女の人、見ませんでしたか。

　 A：せが高くて、かみがピンク色の女の人？ ＿＿＿＿＿＿、見ませんでしたけど…。

③ A：来年から学費が上がるらしいよ。 ……… B：＿＿＿＿＿＿、だれに聞いたの？

3. 例) 暑いので、エアコンをつけて、部屋を<u>すずしく</u>します。

① みんなで私たちの町のかんきょうを＿＿＿＿＿＿＿ましょう。

② A：出発は10時、到着は1時の予定ですが、おそいでしょうか。

　　 B：ええ。出発を30分＿＿＿＿＿たほうがいいですね。

③ 弟：ねえ、これ見て！

　　 兄：うるさい。勉強中だから、＿＿＿＿＿＿て。

④ A：結婚してください。ぼくがりなさんを＿＿＿＿＿ます。……… りな：はい。

すずしい
しあわせだ
しずかだ
早い
いい

STEP 2

1.

① ときどき駅のまわりに変な人が＿＿＿＿＿＿＿＿＿つけてください。

　　　　　　　　　　　[気を ／ らしい ／ いる ／ ので]

② 子どものとき、両親に＿＿＿＿＿＿＿＿＿＿＿よく言われた。

　　　　　　　　　[ようにと ／ きれいに ／ 部屋を ／ する]

2.

> 　そぼの家にりんごの木が1本あります。私は毎年りんごをとる手伝いに行くのを（　1　）。りんごをとった後、そぼはいつもりんごケーキを作ってくれます。この木は、なくなったそふが子どものとき、りんごを半分食べてにわにすてたら、それが木になった（　2　）。それで、私たち家族はその木を「おじいさんの木」と呼んでいます。でも、友だちに話すと、「そんな話、聞いたことがないけど、本当？」と言われます。

（1）　1　楽しんだようでした　　　　2　楽しむつもりです

　　　 3　楽しみにしています　　　　4　楽しみました

（2）　1　ようでした　　2　はずです　　3　からでした　　4　らしいです

STEP 3

あなたはうわさ話を聞いたことがありますか。それはどんなうわさですか。

……… はい。＿＿＿＿＿＿＿＿＿＿＿＿＿＿らしいです。

Lesson 26 １

1. ◀069 a.〜d.のどれですか。

①

②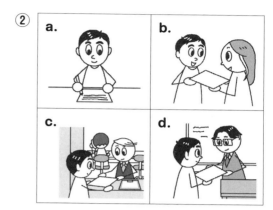

③　**a.** パソコンをしゅうりする。　　**b.** バスにのる。

　　c. タクシーにのる。　　**d.** なかむらさんに連絡する。
　　　　　　　　　　　　　　　　　　　　れんらく

2. ◀070 a.〜c.のどれですか。

①（ **a.** ・ **b.** ・ **c.** ）　　②（ **a.** ・ **b.** ・ **c.** ）

Lesson 26 ２

1. ◀071 a.〜d.のどれですか。

①　**a.** 大川さんが沖縄へ行った。
　　　おおかわ　　おきなわ　い
　　b. マリアさんが大阪へ行った。
　　　　　　　　おおさか　い
　　c. マリアさんが九州へ行った。
　　　　　　　　きゅうしゅう　い
　　d. 大川さんが大阪へ行った。
　　　おおかわ　　おおさか　い

②

2. 🔊072 a.～d.のどれですか。

① a. 大阪のイベントにさんかする。
　 b. 国へ帰る。
　 c. ゆっくり休む。
　 d. 家族と京都へ行く。

② a. ふじ山
　 b. 長野
　 c. 大阪
　 d. 広島

Lesson 26 ③

1. 🔊073 a.～d.のどれですか。

① a. 高くなる。
　 b. 安くなる。
　 c. 変わらない。
　 d. これから決まる。

② a. 来月、部長の新しい家は工事をする。
　 b. 部長は横浜駅の近くにひっこす。
　 c. ひっこしは来年の２月だ。
　 d. 山田さんは来月ゴルフに行く。

2. 🔊074 a.～c.のどれですか。

①（ a. ・ b. ・ c. ）　　②（ a. ・ b. ・ c. ）　　③（ a. ・ b. ・ c. ）

3. 🔊075 a.～c.のどれですか。

（ a. ・ b. ・ c. ）　　（ a. ・ b. ・ c. ）

Lesson 27 ①

STEP 1

1.

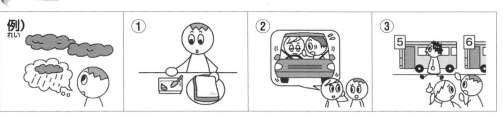

例) 雨が降りそうです。

① バターが＿＿＿＿＿＿＿＿＿＿＿＿＿から、買いに行かなくちゃ。

② 昨日の夜よくねられなかったから、運転中＿＿＿＿＿＿＿なってしまった。

③ A：あれ？ ラマさんが公園行きのバスに＿＿＿＿＿＿＿だよ。

　B：え！ ラマさーん。そっちにのっちゃだめだよ！ ぼくたちのバスはみどり町

　　行きだよ。

2.

例) 今朝アイスクリームをれいぞうこから出したまま、外出してしまった。

① 朝いい天気だったからまどを＿＿＿＿＿＿＿、学校に来ちゃった。

② 日本ではくつを＿＿＿＿＿＿＿、家に入ってはいけません。

③ 先生：Aさんの国ではポケットに手を＿＿＿＿＿＿＿、あいさつするんですか。

　A：いいえ。すみませんでした。

STEP 2

1.

① 充電器を＿＿＿＿＿＿＿＿＿＿しまいました。

[まま ／ うちに ／ 出かけて ／ 置いた]

89

② バスが出そう_____、商品を持ったままだった。

[出たら / だったので / 急いで / 店を]

③ A：あの赤い車、スピードを出していて、こわいですね。

B：ええ。この道は人も多いし、事故_____です。

[で / が / 心配 / 起きそう]

2.

　　温暖化の原因の1つはCO₂です。これをへらさなければ、地球の温度が上がって、私たちは生活できなくなります。そのために私たちがすぐにできることは、できるだけ電気を（　1　）することです。CO₂は工場や車から出るだけではなくて、電気を作るときにも出るからです。電気を使う量が少なくなければ、作る量も少なくなって、CO₂もへるのです。使わない部屋の電気を（　2　）、れいぞうこに物をたくさん入れたりしていませんか。便利な生活をしていると、温暖化のことを（　3　）が、地球の将来のために今できることから始めましょう。

（1）　　1　使ったままに　　　　　　2　使うことに

　　　　　3　使いやすく　　　　　　　4　使わないよう

（2）　　1　つけたままにしたり　　　2　つけておいて

　　　　　3　つけてあげて　　　　　　4　つけるようにして

（3）　　1　忘れたことはありません　2　忘れるようです

　　　　　3　忘れそうになります　　　4　忘れるつもりです

STEP 3

① 最近見たり聞いたりしたニュースを教えてください。

……… _____で_____んですが、_____

_____そうです。

② 今までにどんなしっぱいをしましたか。

……… _____まま、_____しまいました。

90

Lesson 27 ②

STEP 1

1.

a. 学校（がっこう）にはらうじゅぎょうのお金（かね）	b. いらないものや人（ひと）を外（そと）に出（だ）す
c. 物（もの）や体（からだ）をつめたくする	
d. これから会（あ）えなくなる人（ひと）といっしょにするパーティー	

例（れい）） 「学費（がくひ）」というのは、学校（がっこう）にはらうじゅぎょうのお金（かね）のことです。

① 「ひやす」というのは、＿＿＿＿＿＿＿＿＿＿＿＿＿＿＿＿＿

② A：「送別会（そうべつかい）」って何（なん）ですか。

B：「送別会（そうべつかい）」＿＿＿＿＿＿＿＿＿＿＿＿＿＿＿＿

③ A：「おい出（だ）す」って何（なん）ですか。

B：「おい出（だ）す」＿＿＿＿＿＿＿＿＿＿＿＿＿＿＿＿

2.

例（れい）） さむいと、外（そと）に出（で）たくなくなります。

① このへんはこうようがきれいで、秋（あき）に＿＿＿＿＿＿、人（ひと）がおおぜい＿＿＿＿＿＿

② 空気（くうき）が＿＿＿＿＿＿＿＿＿＿＿＿、ほしが＿＿＿＿＿＿＿＿＿＿ます。

③ A：クラスの友（とも）だちと会話（かいわ）の練習（れんしゅう）するのはいやだなあ。

B：でも、話（はな）す練習（れんしゅう）を＿＿＿＿、話（はな）せるように＿＿＿＿よ。いっしょにがんばろう。

3.

例（れい）） 漢字（かんじ）をたくさん書（か）いて、おぼえます。

① TOEICを＿＿＿＿＿＿＿＿＿、

英語（えいご）のレベルをチェックしようと

思（おも）っています。

② 日本では年末になると、「よいお年を」

と＿＿＿＿＿＿＿＿＿＿＿、あいさつします。

③ A：休みの日、どんなことをしていますか。

B：私は友だちとおいしいものを

＿＿＿＿＿＿＿、気分転換をしています。

STEP2

1.

① 私が＿＿＿＿＿＿＿＿＿＿＿＿＿＿＿＿＿＿＿＿＿＿とてもよろこびます。

［ と ／ 母は ／ おかわりする ／ ご飯を ］

② A：「胃カメラ検査」って何ですか。

B：小さいカメラを胃に＿＿＿＿＿＿＿＿＿＿＿＿＿＿＿＿＿＿＿ことですよ。

［ 検査の ／ 中を ／ 入れて ／ 見る ］

2.

　　私の家では新年のおいわいに、毎年手巻きずしパーティーをします。「手巻きずし」というのは、並べてある魚や野菜などの中から好きなものをえらんで、自分で作るのりまきのことです。店ですしを（　１　）高いですが、手巻きずしならあまり高くないし、好きなものがたくさん食べられます。パーティーの前に、みんなで魚を（　２　）、準備するのも楽しいです。

（１）　1　食べるから　　2　食べると　　3　食べても　　4　食べるように

（２）　1　切ると　　　2　切ったまま　3　切って　　　4　切らないと

STEP3

あなたの国では 年末／正月 になると、どんなことをしますか。

……… 私の国では 年末／正月 になると、＿＿＿＿＿＿＿＿＿＿＿＿＿＿＿＿ます。

＿＿＿＿＿＿＿＿＿＿＿＿＿というのは＿＿＿＿＿＿＿＿＿＿＿＿＿＿＿＿＿＿

＿＿＿＿＿＿＿＿＿＿＿＿＿＿＿＿＿＿＿＿＿＿＿＿＿＿＿＿＿＿＿＿＿＿＿＿＿

Lesson 27 ③

STEP 1

1.

例) 母：帰る時間がおそくなるときは、連絡しなさい。……… むすめ：ごめんなさい。

① 母：もう8時よ。早く＿＿＿＿＿＿＿＿＿＿＿＿ ……… むすこ：もうちょっと…。

② むすめ：この薬、にがいから飲みたくない。

母：だめ。ちゃんと＿＿＿＿＿＿＿＿＿＿＿

③ 父：話があるから、ここに＿＿＿＿＿＿＿＿＿＿ ……… むすこ：え、何？

④ 父：夏休みにうちの仕事を＿＿＿＿＿＿＿＿ ……… 子ども：うん。手伝うよ。

2.

例) 母は弟を買い物に行かせました。

① 父は私＿＿＿＿＿＿＿＿＿＿＿＿＿＿＿＿＿＿＿＿ました。

② 毎年夏休みに両親は私＿＿＿＿＿＿＿＿＿＿＿＿＿ました。

③ 先生は具合が悪い学生＿＿＿＿＿＿＿＿＿＿＿＿＿ました。

   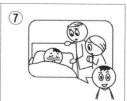

④ 電車がおくれて、AさんはBさん＿＿＿＿＿＿＿＿＿＿＿＿ました。

⑤ コーチは学生＿＿＿＿＿＿＿＿＿＿＿＿＿＿＿＿＿＿ました。

⑥ 姉は赤ちゃんを連れて来て、家族_____ました。

⑦ 私は子どものとき、よく病気になって、両親_____ました。

STEP2

1.

① 近くにテニススクールができたので、小学4年生の（　　　　）つもりです。

   1　むすこに行く　　　　　　　　　2　むすこに行かれる

   3　むすこが行かれる　　　　　　　4　むすこを行かせる

② 駅前で1時間も（　　　　）しまって、本当に悪いことをした。

   1　友だちを待って　　　　　　　　2　友だちが待たれて

   3　友だちを待たせて　　　　　　　4　友だちに待たれて

③ 父は自分がけいえいしている会社の（　　　　）、困っている。

   1　社員がやめられて　　　　　　　2　社員にやめられて

   3　社員がやめさせて　　　　　　　4　社員をやめさせて

2.

① Aさんはお子さんを_____です。

   [いない ／ じゅくに ／ そう ／ 行かせて]

② 「インフルエンザの人が_____」と母に言われた。

   [行きなさい ／ マスクを ／ して ／ 多いから]

③ 母：こら！ ゲーム_____なさい。

   [で ／ 勉強し ／ していない ／ ばかり]

   子：わかったよ。

STEP3

① 子どものとき、家族によく何と言われましたか。

……… _____に「_____なさい」と言われました。

② 今までにどんなことをして家族を心配させましたか。

………_____

94

Lesson 27 4

STEP 1

1.-1

| 仕事 | けんこう | しょうらい | 研究 |
| しごと | | | けんきゅう |

例）仕事のために、自動車のめんきょを取らなくてはいけません。

① ＿＿＿＿＿＿＿＿＿＿＿＿＿、いっしょうけんめい日本語を勉強しようと思っています。

② 日本文化の＿＿＿＿＿＿＿＿＿＿＿＿＿、日本の大学に留学したいです。

③ ＿＿＿＿＿＿＿＿＿＿＿＿＿、毎晩12時までにねるようにしています。

1.-2

| まつりを見ます | 勉強します | 旅行に行きます | 歌手になります |
| み | べんきょう | りょこう　い | かしゅ |

例）有名なまつりを見るために、京都へ行きます。

① ＿＿＿＿＿＿＿＿＿＿＿＿＿＿、歌の練習をしています。

② 料理を＿＿＿＿＿＿＿＿＿＿＿、せんもん学校に入りたいです。

③ ＿＿＿＿＿＿＿＿＿＿＿＿＿、休みを取りました。

2.

| 例） | ① | ② | ③ |

例）両親は妹にピアノの練習をさせました。

① スピーチ大会が終わったので、先生は学生＿＿＿＿＿＿＿ました。

② となりの家の奥さんはいつもご主人＿＿＿＿＿＿＿ます。

③ 夏休みになったら、むすこ＿＿＿＿＿＿＿うと思っています。

④ 子ども＿＿＿＿好きなことを＿＿＿＿たいです。

⑤ これはとてもいい本なので、子ども＿＿＿＿＿＿たいと思います。

1.

① デザイナーに＿＿＿＿＿＿＿＿＿＿＿＿＿＿＿＿＿＿＿つもりです。

［ なる ／ 勉強する ／ せんもん学校で ／ ために ］

② 車に＿＿＿＿＿＿＿＿＿＿＿＿＿＿＿＿＿＿しなくてはいけない。

［ シートベルトを ／ ために ／ のったら ／ 安全の ］

③ Ａ：先生、進学の＿＿＿＿＿＿＿＿＿＿＿＿＿＿＿いけませんか。

［ 準備を ／ ために ／ しなくては ／ どんな ］

先生：まず、自分が伝えたいことを、日本語で話せるようにしなくてはいけませんね。

2.

今年むすめが３さいになった。つまは英会話を習わせたり、じゅくに行かせたりしているが、むすめはときどき「行きたくない」と言う。それで、つまに「まだ小さいから、じゅくに（　１　）、友だちとあそばせたほうがいいと思う」と言った。でも、つまは「Ａさんのお子さんはじゅくに（　２　）有名な小学校に入ったの。私も今は（　３　）、いろいろさせたい」と言う。つまがいっしょうけんめいなので、私は何も言えなくなってしまった。

（１）　　１　行って　　２　行くために　　３　行かせて　　４　行かせないで

（２）　　１　行って　　２　行かないで　　３　行かせて　　４　行かせないで

（３）　　１　じゅくに行かせないで　　　　２　むすめのしょうらいのために

　　　　　３　友だちとあそばせるために　　４　じゅくに行かせたら

① あなたの国では子どもに何をさせる親が多いですか。

……… 私の国では＿＿＿＿＿＿＿＿＿＿＿＿＿＿＿＿＿＿

② あなたはしょうらいのために、どんなことをしていますか。

………＿＿＿＿＿＿＿＿＿＿＿＿＿＿＿＿＿＿＿＿＿

Lesson 27 ①

1. ◀076 a.～c.のどれですか。

①

②

③

① (a. ・ b. ・ c.)　② (a. ・ b. ・ c.)　③ (a. ・ b. ・ c.)

2. ◀077 a.～d.のどれですか。

① a. 課長を待っていたから
   b. 仕事がいそがしかったから
   c. 本を買うから
   d. 電話をしていたから

② a. 温暖化の原因はわからない。
   b. 国は温暖化を止められない。
   c. 自分もできることをしなくてはいけない。
   d. 電気を使うと生活が便利になる。

Lesson 27 ②

1. ◀078 a.～c.のどれですか。

① (a. ・ b. ・ c.)　　② (a. ・ b. ・ c.)　　③ (a. ・ b. ・ c.)

2. ◀079 a.～d.のどれですか。

① a. ゲームをする。
   b. 神社へ行く。
   c. お正月の料理を作る。
   d. お年玉をもらう。

② a. チーズケーキ
   b. バナナとチョコレートのケーキ
   c. ルバーブのケーキ
   d. りんごのケーキ

3. 🔊 080 a. ～ d.のどれですか。

a. 女の人が全部はらう。
おんな ひと ぜんぶ

b. 男の人が全部はらう。
おとこ ひと ぜんぶ

c. 自分の料理のお金をはらう。
じ ぶん りょう り かね

d. 二人で半分に分けてはらう。
ふたり はんぶん わ

Lesson 27 ③

1. 🔊 081 a. ～ d.のどれですか。

①

② a. 大学を休む。
だいがく やす

b. 仕事をへらす。
し ごと

c. 大学をやめる。
だいがく

d. アルバイトをやめる。

2. 🔊 082 a. ～ d.のどれですか。

① a. 男の人
おとこ ひと

b. 男の人の奥さん
おとこ ひと おく

c. 女の人のご主人
おんな ひと しゅじん

d. 女の人の子ども
おんな ひと こ

② a. インフルエンザになったから

b. インフルエンザになるかもしれないから

c. じゅくへ行かなくてはいけないから
い

d. 家で勉強しているから
いえ べんきょう

Lesson 27 ④

1. 🔊 083 a. ～ c.のどれですか。

①(a. ・ b. ・ c.) ②(a. ・ b. ・ c.) ③(a. ・ b. ・ c.)

2. 🔊 084 a. ～ d.のどれですか。

① a. 女の人
おんな ひと

b. 男の人
おとこ ひと

c. 男の人の子ども
おとこ ひと こ

d. 女の人の子ども
おんな ひと こ

② a. 料理を作る。
りょう り つく

b. テレビを見る。
み

c. おさらをあらう。

d. おさらを運ぶ。
はこ

Lesson 28 ①

STEP 1

1.-1 例) さとうとミルクはあちらにありますので、どうぞ<u>お取りください</u>。

① 何かありましたら、すぐに_____

② 時間がありませんので、_____

③ あちらの席に_____

④ ヨーロッパ旅行のパンフレットをどうぞ_____

取る
持ち帰る
急ぐ
知らせる
かける

1.-2 例) 部屋ではくスリッパを<u>ご用意ください</u>。

① 会議の時間が決まりましたら、_____

② こちらの道は車が多いので、_____

③ いんさつなさる場合は、あちらのプリンターを_____

用意する
注意する
利用する
連絡する

1.-3 例) いつでもこちらへ<u>いらっしゃってください</u>。

① あちらにお食事がありますので、_____

② くわしい使い方はこちらのマニュアルを_____

③ お困りになったら、何でも_____

④ どうぞあちらでゆっくり_____

来る
する
見る
言う
食べる

2.

例) 前は国の音楽を聞いていましたが、さいきんは日本の音楽も<u>聞くようになりました</u>。

① 前はあまり運動しませんでしたが、今は_____

② 前は部屋がきたなかったですが、今は毎日_____

③ 学生のときは8時に起きていましたが、仕事を始めてから6時に＿＿＿＿＿＿＿＿＿

④ 連絡したいとき、前は手紙を書いていました。今は＿＿＿＿＿＿＿＿＿＿＿＿＿＿＿

⑤ 赤ちゃんが生まれてから、Aさんのご主人は家事を＿＿＿＿＿＿＿＿＿＿＿＿＿＿＿

STEP 2

1.

① 会話が下手なので、練習して上手に（ **a.** 話す ／ **b.** 話せる ）ようになりたいです。

② 前は朝はコーヒーだけでしたが、今はけんこうのために朝ごはんを
（ **a.** 食べる ／ **b.** 食べられる ）ようになりました。

2.

　　子どものときテレビで見ていたロボットを最近町でよく見ます。店の入り口で「（　1　）」と言っておきゃくさんを案内したり、「カードをご用意ください」と言ってレジの仕事をしたりしているロボットを、あなたも見たことがあるでしょう。今はまだできることが少ないですが、これからいろいろなことができるようになるはずです。しょうらいは家に1台ロボットがあって、家事をさせたり、買い物に行かせたり（　2　）かもしれません。

（1）　　1　お入りします　　　　　　　2　お入りください
　　　　　3　おじゃまします　　　　　　4　ご案内ください

（2）　　1　するようになる　　2　することにする　　3　するため　　4　するから

STEP 3

最近どんなことをするようになりましたか。

………＿＿＿＿＿＿＿＿＿＿＿＿＿＿＿＿＿＿＿＿＿＿＿ようになりました。

Lesson 28 ②

STEP1

1. 例)（30年前に結婚しました→）結婚して、30年です。

① （3日前に車のめんきょを取りました→）＿＿＿＿＿＿＿＿＿＿

② （半年前に大学をそつぎょうしました→）＿＿＿＿＿＿＿＿＿＿

③ A：お母さんが入院なさったそうですね。

　　B：はい。（2週間前に入院しました→）＿＿＿＿＿＿＿＿＿＿

④ A：これは新しいカメラですか。

　　B：いいえ。（15年前に買いました→）＿＿＿＿＿＿＿＿＿＿

2.-1 例) しゅうしょくしたら、家が買えるように、ちょきんするつもりです。

買う
うまく話す
はたらく
退院する

① めんせつのとき＿＿＿＿＿＿＿＿＿＿、練習しています。

② 早く＿＿＿＿＿＿＿＿＿＿、リハビリをがんばってください。

③ 日本の会社で＿＿＿＿＿＿＿＿、ビジネス日本語を勉強します。

2.-2 例) 山でけがをしないように、気をつけてください。

けがをする
病気になる
気分が悪くなる
なくす

① 大切なものは＿＿＿＿＿＿＿＿、名前を書きましょう。

② ＿＿＿＿＿＿＿＿＿＿、よく食べて、よくねています。

③ ふねにのって＿＿＿＿＿＿＿＿＿＿＿＿、

むすめに薬を飲ませました。

2.-3 例) ボードの字が見えるように、前の席にすわりました。

見えます
聞こえます
わかります
元気になります
よくなります

① 町のかんきょうが＿＿＿＿＿＿、みんなでがんばります。

② 早く＿＿＿＿＿＿＿＿＿＿、無理をしないで、

ゆっくり休んでください。

③ 後ろの人もよく＿＿＿＿＿＿、大きい声で話してください。

④ みんながよく＿＿＿＿＿＿、ゆっくり説明しましょう。

1.

① 去年の冬にこのプロジェクトが（　　　　）、もうすぐ半年になる。

　　1　始まって　　　　2　始まったら　　　3　始まれば　　　4　始まっても

② A：Bさんは毎日通勤に2時間かかるそうですね。

　　B：そうなんです。でも、来月みどり町に（　　　　）30分になります。

　　1　ひっこして　　　　　　　　　　2　ひっこしても

　　3　ひっこしたので　　　　　　　　4　ひっこしたら

③ A：明日、あの本、持って来てね。

　　B：うん。わかった。（　　　　）ように、メモしとくよ。

　　1　忘れる　　　　　　　　　　　　2　忘れない

　　3　忘れられる　　　　　　　　　　4　忘れさせる

2.

① A：ごちそうさまでした。じゃあ、おさらをあらいましょう。

　　B：あ、きれいな＿＿＿＿＿＿＿＿＿＿＿＿＿＿＿＿＿＿＿＿＿＿＿してください。

　　　　　　　［ よごさない ／ エプロンを ／ ように ／ 服を ］

② この会社が＿＿＿＿＿＿＿＿＿＿＿＿＿＿＿＿＿＿＿＿パーティーをしました。

　　　　　　　［ 20年 ／ おいわいの ／ できて ／ なので ］

③ A：仕事がいそがしくて、毎日ざんぎょうしているんです。

　　B：たいへんですね。体を＿＿＿＿＿＿＿＿＿＿＿＿＿＿＿ほうがいいですよ。

　　　　　　　［ こわさない ／ 帰った ／ 早く ／ ように ］

① 日本語の勉強を始めて、どれぐらいですか。

……… ＿＿＿＿＿＿＿＿＿＿＿＿＿＿＿＿＿＿＿＿＿＿＿＿＿＿＿＿＿＿＿＿＿＿

② 日本語が上手になるように、何をしていますか。

……… ＿＿＿＿＿＿＿＿＿＿＿＿＿＿＿＿＿＿＿＿＿＿＿＿＿＿＿＿＿＿＿＿＿＿

Lesson 28 ③

STEP 1

1.

例) 山田さんがかいている絵は<u>写真みたいです</u>。

① あの家は大きくて、＿＿＿＿＿＿＿＿＿＿＿＿＿＿＿＿＿＿＿＿＿＿＿

② A：あのせが高い人、先生？ ……… B：ううん。＿＿＿＿＿＿＿けど、学生だよ。

③

A：Dさんの歌、すごいね。

B：うん。歌手＿＿＿＿＿＿＿歌い方だね。

C：プロの歌手＿＿＿＿＿＿＿上手だよね。

2.

| 来ます | 飲みました | のっています | 無理です | さびしいです |

例) 道がわかりにくいので、友だちがうちへ<u>来るとき</u>、いつも駅へむかえに行きます。

① 電車に＿＿＿＿＿＿＿＿＿＿＿＿＿＿＿＿＿＿＿、いつも音楽を聞きます。

② おさけを＿＿＿＿＿＿＿＿＿＿＿＿＿＿＿＿＿、車を運転してはいけません。

③ 一人で＿＿＿＿＿＿＿＿＿＿＿＿＿＿＿＿＿＿＿、家族に電話をします。

④ 仕事を一人でするのが＿＿＿＿＿＿＿＿＿、どうりょうに手伝ってもらいます。

3.-1 **例)** A：あの部屋にだれがいるんですか。

　　　　　B：さあ。<u>だれがいるか</u>、わかりません。

① A：これは何ですか。 ……… B：さあ。＿＿＿＿＿＿＿＿＿＿、わかりません。

② A：そのペン、いいね。いくらだった？

　　B：＿＿＿＿＿＿＿＿＿＿＿＿＿＿＿、忘れちゃった。調べてみるね。

③ A：Cさんはどこでアルバイトしてるの？

　　B：さあ。知らない。＿＿＿＿＿＿＿＿＿＿＿＿＿、聞いてみよう。

3.-2 **例)** A：週末は天気がいいでしょうか。

B：さあ。<u>いいかどうか</u>、わかりません。

① A：あの人、先生？ ……… B：＿＿＿＿＿＿＿＿＿、わからない。聞いてみる？

② A：あの店、予約できますか。 ……… B：＿＿＿＿＿＿＿、調べてみましょう。

③ A：Bさん、部長は来週の新年会にいらっしゃいますか。

B：はい。その予定です。あとで＿＿＿＿＿＿＿、かくにんしておきます。

STEP 2

1.

① 赤ちゃんはかわいくて（　　　　）が、泣き出すと大変だ。

   1　天使みたいだ　　　　　　　　2　天使みたいな

   3　天使みたいに　　　　　　　　4　天使みたいで

② A：こちらの検査室、ドアの上の電気が赤いんですが、入ってもいいでしょうか。

  看護師：いいえ。赤い電気が（　　　　）検査中ですので、前でお待ちください。

   1　つかなければ　　　　　　　　2　つく場合

   3　ついていたから　　　　　　　4　ついているときは

③ A：この荷物、だれが持って来たの？ ……… B：だれが（　　　）わからない。

   1　か　　　2　かどうか　　　3　持って来たか　　　4　持って来たかどうか

2.

① 私にはまだ子どもがいない＿＿＿＿＿＿＿＿＿＿＿＿＿わかりません。

        [たいへんか ／ 子そだてが ／ どうか ／ ので]

② 寒くて、手がこおり＿＿＿＿＿＿＿＿＿＿＿＿＿＿＿しまった。

        [みたい ／ なって ／ 冷たく ／ に]

STEP 3

① 疲れたとき、いつもどんなことをしますか。……… ＿＿＿＿＿＿＿＿＿＿＿＿

② 日本語が上手になったら、何をしたいですか。

  ……… ＿＿＿＿＿＿＿＿＿＿＿＿＿＿＿＿＿＿＿＿＿＿＿

Lesson 28 ①

1. 🔊085 a.〜 c.のどれですか。

① (a. ・ b. ・ c.)　② (a. ・ b. ・ c.)　③ (a. ・ b. ・ c.)

2. 🔊086 a.〜 d.のどれですか。

① a. 女の人の荷物が重そうだったから
　 b. 女の人のおなかに赤ちゃんがいるから
　 c. 女の人が新しいチームではたらいているから
　 d. 女の人の仕事がいそがしくて、疲れているから

② a. 野菜
　 b. ざっし
　 c. シャンプー
　 d. くつ

Lesson 28 ②

1. 🔊087 a.〜 d.のどれですか。

① a. 半年
　 b. 1年
　 c. 3年
　 d. 3年半

② a. 3年
　 b. 5年
　 c. 7年
　 d. 10年

2. 🔊088 a.〜 c.のどれですか。

① (a. ・ b. ・ c.)　② (a. ・ b. ・ c.)　③ (a. ・ b. ・ c.)

Lesson 28 ③

1. 🔊 089 a.～d.のどれですか。

①

② a. ゲーム

b. 漢字の書き方の勉強
かんじ か かた べんきょう

c. 漢字の読み方の勉強
かんじ よ かた べんきょう

d. 漢字の書き方と読み方の勉強
かんじ か かた よ かた べんきょう

2. 🔊 090 a.～d.のどれですか。

① a. 男の人にメールを見せる。
おとこ ひと み

b. 部長の意見をメモする。
ぶ ちょう い けん

c. メモを見ながら、メールを書く。
み か

d. 部長にメールを送る。
ぶ ちょう おく

② a. コンビニ

b. 海
うみ

c. 薬局
やっきょく

d. 病院
びょういん

3. 🔊 091 a.～c.のどれですか。

①（ a. ・ b. ・ c. ）　　②（ a. ・ b. ・ c. ）　　③（ a. ・ b. ・ c. ）

Lesson 29 ①

STEP 1

1.

事故がありました　ていしゃしています　CO₂がへりません　水不足　強風

じこ　　　　　　　　　　　　　　　　　　　　　みずぶそく　きょうふう

例) 事故があったため、電車がおくれました。
れい　じこ　　　　　　　　　でんしゃ

① 大きいバスが故障で＿＿＿＿＿＿＿＿＿＿＿＿＿＿＿、今この道は通れません。
　おお　　　　こしょう　　　　　　　　　　　　　　　いま　みち　とお

② ＿＿＿＿＿＿＿＿＿＿＿＿＿＿＿、公園の大きい木がたおれてしまいました。
　　　　　　　　　　　　　　　　　こうえん　おお　き

③ ＿＿＿＿＿＿＿＿＿＿＿＿＿＿＿、今年は米があまりそだちませんでした。
　　　　　　　　　　　　　　　　　ことし　こめ

④ ＿＿＿＿＿＿＿＿＿＿＿＿＿＿＿、温暖化が止まりません。
　　　　　　　　　　　　　　　　　おんだんか　と

2.

例) けいたい電話しか持って来ませんでした。
れい　　　　　でんわ　も　き

① 今日はテストなのに、夕べ＿＿＿＿＿＿＿＿＿＿＿＿＿＿＿＿＿＿＿＿＿
　きょう　　　　　　　　　　ゆう

② 店員が＿＿＿＿＿＿＿＿＿＿＿＿＿＿＿＿ので、とてもたいへんです。
　てんいん

③ Ａ：おなかがすいたね。ここで昼ご飯を食べない？
　　　　　　　　　　　　　　　　ひる　はん　た

　　Ｂ：でも、この店、＿＿＿＿＿＿＿＿＿＿＿＿＿＿＿＿＿＿＿よ。
　　　　　　　　みせ

3.

例) 中学生のとき、進学のために、父にじゅくに通わされました。
れい　ちゅうがくせい　　しんがく　　　　ちち　　　　　　かよ

① 宿題をして行かなかったら、じゅぎょうの後で、先生＿＿＿＿＿＿ました。
　しゅくだい　　い　　　　　　　　　　　　あと　せんせい

② 週末はいつもつま＿＿＿＿＿＿＿＿＿＿＿＿＿＿＿＿＿んです。
　しゅうまつ

③ 山下さんはちこくばかりしていたので、店長＿＿＿＿＿＿＿＿＿んですよ。
　やました　　　　　　　　　　　　　　　てんちょう

④

A：うでが痛いの？

B：うん、ちょっと…。昨日、かのじょがひっこしし

たんだけど、重い荷物をいっぱい

＿＿＿＿＿＿＿＿＿＿＿＿＿から…。

STEP 2

1.

① 私は店員に20分も

（ **a.** 待たれました ／ **b.** 待たせました ／ **c.** 待たされました ）。

② 私は弟を買い物に

（ **a.** 行かれました ／ **b.** 行かせました ／ **c.** 行かされました ）。

③ 私は母に車を

（ **a.** あらわれました ／ **b.** あらわせました ／ **c.** あらわされました ）。

④ 私は男にかばんを

（ **a.** とられました ／ **b.** とらせました ／ **c.** とらされました ）。

2.

① 外国語を勉強＿＿＿＿＿＿＿＿＿＿＿＿＿＿＿＿すぐ忘れてしまいます。

　　　　　　［ 使わなければ ／ 旅行のとき ／ しても ／ しか ］

② アナウンス：地下鉄は＿＿＿＿＿＿＿＿＿＿＿＿＿＿＿なれません。

　　　　　　　　　［ 見合わせている ／ ご利用に ／ 運転を ／ ため ］

③ 友だちとやくそくが＿＿＿＿＿＿＿＿＿＿＿＿＿、行けなかった。

　　　　　　　　［ させられて ／ のに ／ あった ／ ざんぎょう ］

STEP 3

家族／友だち／会社の人／先生 にいつ、どんなことをさせられましたか。

……＿＿＿＿＿＿＿とき、＿＿＿＿＿に＿＿＿＿＿＿＿＿＿＿

Lesson 29 ②

STEP 1

1.

例) 仕事中に大きい声で<u>話すな</u>としかられました。

① 本屋で雑誌の写真を＿＿＿＿＿＿＿＿＿＿と注意されました。

② じゅぎょうの後、教室であそんでいたら、先生に＿＿＿＿＿＿＿＿と言われた。

③ A：ゴミはどこにすてるのかな。

　　B：あそこに、ゴミは＿＿＿＿＿＿＿＿＿＿＿＿＿＿＿って書いてあるよ。

④ A：これはどんな意味ですか。

　　B：この道は車とバイクと自転車は＿＿＿＿＿＿

　　　　という意味です。人は通ってもいいんですよ。

2.

置く	休む	早退する	使う	考える
お	やす	そうたい	つか	かんが

例) A：この荷物、ここに<u>置か</u>せていただけませんか。……… B：はい、どうぞ。

① A：うちの部のコピー機の調子が悪いので、システム部のを＿＿＿＿＿＿

　　B：はい、どうぞ。

② A：今日、A社を見学しに行きたいので、2時に＿＿＿＿＿＿＿＿

　　先生：わかりました。届けを出してください。

③ 部長：新しいプロジェクトのリーダー、だれがいいと思いますか。

　　課長：そうですねえ…。すみませんが、ちょっと＿＿＿＿＿＿＿＿

④ A：週末、北海道の大学へ受験に行くので、アルバイトを＿＿＿＿＿＿＿

　　店長：わかりました。がんばってくださいね。

1.

① A：遅くなって、ごめん。あれ？ 店の前にまだだれもいないね。

B：さっき店員に＿＿＿＿＿＿＿＿＿＿＿＿＿＿＿＿＿＿＿言われた。行こう。

　　　　　　[待て ／ 並んで ／ って ／ 向こうに]

② A：体調が悪いので、＿＿＿＿＿＿＿＿＿＿＿＿＿＿＿＿＿＿＿か。

　　　　　　[研修は ／ いただけません ／ 今日の ／ 欠席させて]

課長：わかりました。お大事に。

③ A：お客さんの注文をまちがえちゃった。店長に報告したほうがいいかなあ。

B：うん。私も前にまちがえたとき、＿＿＿＿＿＿＿＿＿＿＿＿＿＿＿＿よ。

　　　　　　[忘れるな ／ 注意された ／ 報告を ／ って]

2.

> 先生、遅い時間に申しわけありません。夕食の後、急に具合が悪くなっ
> て、今、病院にいます。医者に明日検査をするので入院（　1　）と言わ
> れました。いつも親にけんこうに（　2　）と言われているのに、日本に来
> てから、好きなものだけ食べて、好きな時間にねて、本当によくなかったです。
> これからはちゃんと生活しようと思っています。先生、明日は休みます。
> 明日のテストは来週（　3　）。よろしくおねがいいたします。

（1）　1　したところだ　　　　　2　したい

　　　　3　するな　　　　　　　4　するように

（2）　1　気をつけた　　　　　　2　気をつけないように

　　　　3　気をつけろ　　　　　　4　気をつけるな

（3）　1　受けてくださいませんか　　　2　受けさせていただけませんか

　　　　3　受けるように伝えてください　4　受けさせたらどうでしょうか

いつ、だれにどんな注意をされましたか。

……＿＿＿＿＿＿とき、＿＿＿＿＿＿に＿＿＿＿＿＿と注意されました。

Lesson 29 ③

STEP 1

1.

つける	着る	する	冷やす
	き		ひ

例) いつもはエアコンをつけないでねますが、夕べはとても暑かったので、つけてね
れい   ゆう   あつ
ました。

① Ａ：私は水をれいぞうで＿＿＿＿＿飲みます。冷たいほうがおいしいですから。
　　わたし みず　　　　　　　　　　の　　　　つめ

　　Ｂ：そうなんですか。私は水を＿＿＿＿＿＿＿＿＿＿＿＿＿飲みます。
　　　　　　　　　　　　わたし みず　　　　　　　　　　　　　　の

　　冷たくないほうが体にいいそうですよ。
　　つめ　　　　　　からだ

② Ａ：昨日はあたたかいと思って、コートを＿＿＿＿＿出かけたら、寒かったです。
　　きのう　　　　　　　おも　　　　　　　　　　　て　　　さむ

　　Ｂ：私はマフラーを＿＿＿＿＿＿＿＿出かけて、暑かったですよ。
　　　　わたし　　　　　　　　　　て　　あつ

2. 例) Ａ：わあ、これ、全部作ってくれたの？ おいしそう。
　　れい　　　　　　　ぜん ぶ つく

　　　　Ｂ：ごめん。作ったんじゃなくて、さっきデパートで買って来たんだ…。
　　　　　　　　　つく　　　　　　　　　　　　　　か　　き

① Ａ：Ｃさんはスカッシュがすごく上手ですよね。習っているんでしょうか。
　　　　　　　　　　　　　じょうず　　　　　なら

　　Ｂ：いいえ。Ｃさんはスカッシュを＿＿＿＿＿＿＿＿、教えているんですよ。
　　　　　　　　　　　　　　　　　　　　　　　　おし

② Ａ：Ｂさん、最近疲れているようですね。勉強が大変なんですか。
　　　　　　さいきんつか　　　　　　　　べんきょう たいへん

　　Ｂ：勉強が＿＿＿＿＿＿＿＿＿＿＿＿＿＿、アルバイトがいそがしいんです。
　　　　べんきょう

③ Ａ：Ｂさん、料理の本を読んでいるんですか。
　　　　　　りょうり ほん よ

　　Ｂ：いいえ。これは＿＿＿＿＿＿＿＿＿＿＿＿＿＿、なべの説明書です。
　　　　　　　　　　　　　　　　　　　　　　　　　せつめいしょ

3.

食べる	作る	うるさい	歌う	しずかだ
た	つく		うた	

例) 食堂のご飯がおいしくて、食べすぎました。おなかがちょっと痛いです。
れい しょくどう はん　　　　　　た　　　　　　　　　　　　　　いた

① 料理を＿＿＿＿＿＿＿＿＿＿。明日も同じ料理を食べなければなりません。
　りょうり　　　　　　　　　　　あした おな りょうり た

② 夕べはカラオケで＿＿＿＿＿＿＿＿＿＿＿＿て、のどが痛い。
　ゆう　　　　　　　　　　　　　　　　　　　　　いた

③ 毎晩、となりの部屋が＿＿＿＿＿＿＿＿て、ぜんぜん勉強できない。
　まいばん　　　　へや　　　　　　　　　　　べんきょう

④ このへんは夜になると＿＿＿＿＿＿＿＿＿＿＿＿て、さびしい。
　　　　　　よる

STEP 2

1.

① A：アンケート調査の結果を集計したデータが見つからないんです。

　　B：デスクトップに＿＿＿＿＿＿＿＿＿＿＿＿＿＿＿＿＿＿＿＿＿＿

　　　　　　　　［ 保存されている ／ 整理した ／ ファイルが ／ 多すぎるから ］

　　ほうがいいですよ。

② A：そば、食べないんですか。きらいなんですか。

　　B：そばが＿＿＿＿＿＿＿＿＿＿＿＿＿＿＿＿＿＿＿＿＿んです。

　　　　　　　　［ んじゃなくて ／ アレルギーな ／ きらいな ／ そばの ］

2.

　　昨日の夜、飲み会があった。私はのどが少し痛かったので、かぜ薬を飲んで、店へ行った。行く前は、おさけは（　1　）お茶にしようと思っていたのに、やっぱり好きなビールを飲んでしまった。飲み会はとても楽しかった。でも、帰るとちゅうで気持ちが悪くなった。おさけを（　2　）のかもしれないと思ったが、熱もあるようだったので、病院へ行った。すぐにインフルエンザの検査を受けさせられた。その結果、医者に「薬を飲んだら、おさけを飲んではいけません。そして、あなたはかぜ（　3　）、インフルエンザです。薬を出します。今週は出かけてはいけません」と言われてしまった。

（1）　　1　飲まないで　　　　　　　　2　飲めなくて

　　　　　3　飲まないので　　　　　　　4　飲まなかったので

（2）　　1　飲む　　　2　飲んだ　　　3　飲みすぎる　　　4　飲みすぎた

（3）　　1　で　　　　2　か　　　　　3　じゃなくて　　　4　じゃなければ

STEP 3

① 今までに何かやりすぎてしまったことがありますか。それはどんなことですか。

　　…… はい。＿＿＿＿＿＿＿＿＿＿＿＿＿＿＿＿＿＿＿＿＿＿＿＿＿＿

② 今、あなたが勉強しているのは、漢字ですか。

　　…… いいえ、＿＿＿＿＿＿＿＿＿＿じゃなくて、＿＿＿＿＿＿＿＿＿＿

112

Lesson 29 ①

1. 🔊092 a.～c.のどれですか。

① **a.** 信号機がこわれたため、電車が止まっています。
　　　しんごうき　　　　　　　　　　でんしゃ　　と

　　b. 電車が故障したため、信号機が止まっています。
　　　でんしゃ　こしょう　　　　　しんごうき　　と

　　c. 電車が止まったため、どこが悪いか調べています。
　　　でんしゃ　と　　　　　　　　　わる　　しら

② **a.** 雪がつもったため、サッカーの試合が中止になりました。
　　　ゆき　　　　　　　　　　　　　しあい　ちゅうし

　　b. 強い雨が降ったため、サッカーの試合が中止になりました。
　　　つよ　あめ　ふ　　　　　　　　しあい　ちゅうし

　　c. 風が強かったため、サッカーの試合が中止になりました。
　　　かぜ　つよ　　　　　　　　　　しあい　ちゅうし

2. 🔊093 a.～d.のどれですか。

①

② **a.** 友だちにえんぴつを貸した。
　　　とも　　　　　　　　か

　　b. 先生にえんぴつを貸した。
　　　せんせい　　　　　　か

　　c. 友だちにえんぴつを借りた。
　　　とも　　　　　　　　か

　　d. 先生にえんぴつを借りた。
　　　せんせい　　　　　　か

3. 🔊094 a.～d.のどれですか。

① **a.** 朝田さん
　　　あさだ

　　b. 古川さん
　　　ふるかわ

　　c. 田中さん
　　　たなか

　　d. 課長
　　　かちょう

② **a.** 新しい商品が出たから
　　　あたら　しょうひん　で

　　b. 強風でりんごが落ちたから
　　　きょうふう　　　　お

　　c. 台風で商品が届けられないから
　　　たいふう　しょうひん　とど

　　d. 水不足でりんごがそだてられなかったから
　　　みずぶそく

Lesson 29 ②

1. 🔊 095 a.～d.のどれですか。

① **a.** 出張する。
　しゅっちょう

　b. レポートを書く。
　　　　　　　か

　c. ほんやくする。

　d. 課長と話す。
　　　かちょう　はな

② **a.** 自転車で来る。
　じてんしゃ　く

　b. 電車で来る。
　　でんしゃ　く

　c. バスで来る。
　　　　　く

　d. 歩いて来る。
　　ある　　く

2. 🔊 096 a.～c.のどれですか。

(a. ・ b. ・ c.)

(a. ・ b. ・ c.)

(a. ・ b. ・ c.)

Lesson 29 ③

1. 🔊 097 a.～c.のどれですか。

①(a. ・ b. ・ c.)　　②(a. ・ b. ・ c.)　　③(a. ・ b. ・ c.)

④(a. ・ b. ・ c.)　　⑤(a. ・ b. ・ c.)

2. 🔊 098 a.～d.のどれですか。

① **a.** アレルギーのアンケート調査をする。
　　　　　　　　　　　　ちょうさ

　b. スポーツのアンケート調査の集計をする。
　　　　　　　　　　　　ちょうさ　しゅうけい

　c. アレルギーのアンケートの結果を見る。
　　　　　　　　　　　　　　けっか　み

　d. スポーツのアンケートの結果を見せる。
　　　　　　　　　　　　　　けっか　み

② **a.** 見せる。
　　　み

　b. 借りる。
　　　か

　c. 返す。
　　　かえ

　d. もらう。

Lesson 30 ①

STEP 1

1.

例) A：雨の音がしますね。 ……… B：外を見てみましょう。あ、降っていますね。

① A：この部屋、いい＿＿＿＿＿＿＿＿＿＿ね。 ……… B：この花のにおいだよ。

② A：このジュース、薬みたいな＿＿＿＿＿＿＿＿＿＿＿＿よ。

　 B：ほんとうだ。ふしぎな味だね。

③ A：となりのうちから楽しそうな＿＿＿＿＿＿＿＿＿＿ね。

　 B：小さいお子さんがたくさんいるんですよ。

2. 例) この店の服はベトナムの工場で作られています。

作る
歌う
建てる
行う
利用する

① オリンピックは4年に1度＿＿＿＿＿＿＿＿＿＿＿ます。

② 金閣寺は1397年に＿＿＿＿＿＿＿＿＿＿＿＿＿ました。

③ この歌は世界中で＿＿＿＿＿＿＿＿＿＿＿＿＿います。

④ この図書館は50年前から町の人たちに＿＿＿＿＿＿＿います。

3.

 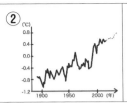 

例) みどり町の人口がふえてきました。今後もふえていくでしょう。

① Aさんは日本語が上手に＿＿＿＿＿＿＿＿＿＿。これからどんどん上手に

　 ＿＿＿＿＿＿＿＿＿＿と思います。

② 温暖化のため、気温が上がっています。何もしなければ、今後も少しずつ

　 ＿＿＿＿＿＿＿＿＿＿だろうと言われています。

③ A：次はぼくだ…。さっきまで落ち着いていたのに、だんだんきんちょう

＿＿＿＿＿＿＿＿＿た。

B：だいじょうぶだよ。自信持って！

1.

① 経済の専門家の話によると、今後も物価が（　　　　）そうなので、生活が

心配だ。

1　上がっていく　　　　　　　　2　上がっていった

3　上がってくる　　　　　　　　4　上がってきた

② この前ミャンマーへ行ったら、日本の古い電車が再利用（　　　　）、

うれしかった。

1　していて　　2　されていて　　3　させていて　　4　させられていて

③ A：ねえ、となりの家から変な音が（　　　　）？

B：うん。おかしいなあ。となりは空き家のはずなんだけど。

1　聞かない　　　2　聞かなかった　　　3　されない　　　4　しない

2.

① そのスープはあまり＿＿＿＿＿＿＿＿＿＿＿＿＿＿＿＿＿入れたほうがいいです。

［ しない ／ 味が ／ しおを ／ から ］

② この＿＿＿＿＿＿＿＿＿＿＿＿＿＿＿＿＿＿＿、世界中で読まれています。

［ ほんやくされて ／ まんがは ／ 言語に ／ いろいろな ］

③ あの店は半年前に雑誌で紹介されて＿＿＿＿＿＿＿＿＿＿＿＿＿そうです。

［ ふえて ／ から ／ お客さんが ／ きた ］

① あなたの国では毎年どんなイベントが行われていますか。

……… 私の国では＿＿＿＿＿＿＿＿＿＿＿＿＿＿＿＿＿＿＿＿＿＿＿＿＿＿＿＿

② 日本で働く外国人がふえてきました。あなたの国はどうですか。

……… 私の国＿＿＿＿＿＿＿＿＿＿＿＿＿＿＿＿＿＿＿＿＿＿＿＿＿＿＿＿＿＿＿

Lesson 30 ②

STEP 1

1.

予約できます _{よやく}	来週です _{らいしゅう}	ありません	無理です _{むり}

考えたほうがいいです　　帰りました
_{かんが}　　　　　　　　　　_{かえ}

例) A：あの店、予約できますか。 ……… B：<u>できるんじゃないでしょうか。</u>
_{れい}　　　_{みせ　よやく}

① A：タンさんはいますか。 ……… B：荷物がないので、＿＿＿＿＿＿＿＿＿＿＿
_{にもつ}

② A：新商品の売り上げがあまりのびていませんね。
_{しんしょうひん　う　あ}

　　B：そうですね。売り方をもう一度＿＿＿＿＿＿＿＿＿＿＿＿＿＿＿＿
_{う　かた　　　いちど}

③ A：バスの時間まであと20分しかありませんよ。急ぎましょう。
_{じかん　　　　　ぶん　　　　　　　　いそ}

　　B：10時のバスにのるのは＿＿＿＿＿＿＿＿＿＿＿＿。次のにしませんか。
_{じ　　　　　　　　　　　　　　　　　　　　つぎ}

④ 課長：リさんの出張が火曜日なので、ミーティングは水曜日にしましょう。
_{かちょう　　　　しゅっちょう　かようび　　　　　　　　　すいようび}

　　A：リさんの出張は今週じゃなくて、＿＿＿＿＿＿＿＿＿＿＿＿＿＿
_{しゅっちょう　こんしゅう}

⑤ A：かぜ薬を買いたいんだけど、コンビニにあるかな？
_{くすり　か}

　　B：え、かぜ薬はコンビニには＿＿＿＿＿＿＿＿＿＿＿＿＿＿？
_{くすり}

2.

あやまります	勉強しておきます _{べんきょう}	遅れます _{おく}	守ります _{まも}	言います _い	休みます _{やす}

例) 悪いことをしたと思ったら、すぐに<u>あやまるべきです。</u>
_{れい}　_{わる　　　　　おも}

① 約束はぜったいに＿＿＿＿＿＿＿＿＿＿＿＿＿＿＿＿＿＿
_{やくそく}

② 日本で働くなら、敬語を＿＿＿＿＿＿＿＿＿＿＿＿＿と思います。
_{にほん　はたら　　けいご}　　　　　　　　　　　　　　_{おも}

③ 待ち合わせの時間に＿＿＿＿＿＿＿＿＿＿＿＿＿＿ありません。
_{ま　あ　　　じかん}

④ A：私たちの会社にノー残業デーがないのは、よくないですよ。
_{わたし　　かいしゃ　　ざんぎょう}

　　B：意見があるなら、会議で＿＿＿＿＿＿＿＿＿＿＿＿＿と思いますよ。
_{いけん　　　　　　かいぎ}　　　　　　　　　　　　　　_{おも}

⑤ A：今日はテストなのに、ぜんぜん勉強しなかった。学校、休もうかな。
_{きょう　　　　　　　　　　べんきょう　　　　　がっこう　やす}

　　B：そんな理由でじゅぎょうを＿＿＿＿＿＿＿＿＿＿＿＿よ。
_{りゆう}

1.

① A：外国で生活するとき、どんなことが必要だと思いますか。

B：まず、その国の＿＿＿＿＿＿＿＿＿＿＿＿＿＿＿＿＿だと思います。

[べき ／ 習慣を ／ 文化や ／ 理解する]

② A：学費が足りないから来月はらいたいって、先生にメールを送ったんだ。

B：そんな大事なことはメールで＿＿＿＿＿＿＿＿＿＿＿＿＿＿ない？

[んじゃ ／ べきじゃ ／ 相談する ／ ない]

2.

今、世界には食べ物がなくて（　1　）人が1億人以上もいるそうです。テレビのニュースでやせた人たちを（　2　）、なきたくなります。その人たちをたすけるために、私たちは何か（　3　）。そのためにはまず、世界で何が起きているか、知ることが必要です。そして、何をすればいいかを一人ひとりが（　4　）と思います。

（1）　　1　死ぬべき　　　　　　　　2　死にやすい

　　　　　3　死ぬはずの　　　　　　　4　死にそうな

（2）　　1　見ると　　2　見ないので　　3　見せて　　4　見られないとき

（3）　　1　するべきではないでしょうか　　2　するのではないでしょうか

　　　　　3　するところでしょうか　　　　4　するべきではありません

（4）　　1　考える　　　　　　　　　　　2　考えるべきじゃない

　　　　　3　考えなければならない　　　　4　考えるはずだ

最近あなたの国ではどんなことが問題になっていますか。

……＿＿＿＿＿＿＿＿＿＿＿＿＿＿＿＿＿＿＿＿＿＿＿＿＿＿＿

それについて、あなたはどう思いますか。

……＿＿＿＿＿＿＿＿＿＿＿＿＿＿＿＿＿んじゃないでしょうか。

＿＿＿＿＿＿＿＿＿＿＿＿＿＿＿＿＿＿＿＿と思います。

Lesson 30 ① 1

1. ◀ 099 a.～c.のどれですか。

（ a. ・ b. ・ c. ）　　　（ a. ・ b. ・ c. ）　　　（ a. ・ b. ・ c. ）

2. ◀ 100 a.～d.のどれですか。

3. ◀ 101 a.～d.のどれですか。

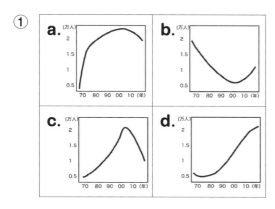

Lesson 30 2

1. 🔊102 a.～c.のどれですか。

① (a. ・ b. ・ c.)　　　② (a. ・ b. ・ c.)　　　③ (a. ・ b. ・ c.)

2. 🔊103 a.～d.のどれですか。

①

②　**a.** もうすぐ子どもが生まれるから

　　b. 子そだてしながら働くべきじゃないから

　　c. 子どもを入れられる保育所がないから

　　d. 子どもを保育所に入れたくないから

〈著　者〉　ヒューマンアカデミー日本語学校　https://hajl.athuman.com/

ヒューマンアカデミー日本語学校は1987年に大阪校、1991年東京校、2015年には日本初の産学官連携の日本語教育機関となる佐賀校を開校した。
日本語教育プログラムを国内、およびアジアやヨーロッパを中心に海外でも提供する。
グループ親会社のヒューマンホールディングスは2004年JASDAQに上場。
全日制、社会人、児童向けロボット教室、カルチャースクール、日本語、海外留学など、
多種多様な教育事業を全国主要都市のほか、海外でも展開している。

〈執筆者〉　辻 和子　　　ヒューマンアカデミー(株)日本語教育事業部教学室顧問
　　　　　　桂 美穂　　　ヒューマンアカデミー日本語学校東京校常勤講師

つなぐにほんご　初級2　ワークブック

2019年 6 月10日　初版第 1 刷発行
2024年 5 月10日　初版第 3 刷発行

著者　　　　ヒューマンアカデミー日本語学校
協力　　　　野口敦子
イラスト　　福場さおり
装丁　　　　岡崎裕樹
DTP　　　　朝日メディアインターナショナル株式会社
発行人　　　天谷修身
発行　　　　株式会社アスク
　　　　　　〒162-8558 東京都新宿区下宮比町2-6
　　　　　　TEL 03-3267-6864　FAX 03-3267-6867
　　　　　　https://www.ask-books.com/

印刷・製本　株式会社光邦

アンケートにご協力ください
PC https://www.ask-books.com/support/　Smartphone

つなぐにほんご　初級2
ワークブック
こたえ & スクリプト
Answers & Script

Lesson 16 ① ぶんぽう

STEP 1

1.

①明日は何時に学校へいらっしゃいますか。

②週末は何をなさいましたか。

③こちらのしょるいをごらんになりました
か。

④X社の新商品をごぞんじですか。

⑤コーヒーをめしあがりますか。（コーヒー
をめしあがりませんか。）

⑥今、会議をしていらっしゃいます。

⑦タイの料理をめしあがったことがあります
か。

⑧しんこん旅行はどちらへいらっしゃいまし
たか。

⑨課長が「その日は予定がある」とおっ
しゃったので、木曜日になりました。

2.

①もしパソコンがなかったら、勉強も仕事
もとてもたいへんだと思います。

②こんどの試合にかったら、みんなでパー
ティーをしよう。

③明日の登山が中止になったら、映画を見
に行こうと思っています。

④アパートでペットをかってもよかったら、
ねこがかいたいです。

⑤お店がもう少しきれいだったら、おきゃく
さんも多くなると思うけど。（お店がもう
少しきれいになったら、おきゃくさんも多
くなると思うけど。）

STEP 2

①漢字を研究していらっしゃる先生のお話

を聞きました。

②ベトナムはバイクが多いので注意なさっ
てください。

③入学試験におちたら父の仕事をてつだお
うと思っています。

④でも、もし電車がおくれたらたいへんだ
からもう少し早く家を出よう。

STEP 3 （解答例）

①「先生はタイ語をごぞんじですか」と聞
きます。

②半分は銀行に入れます。半分は買い物し
たり、旅行したりしたいです。

Lesson 16 ② ぶんぽう

STEP 1

1. - 1

①イベントの案内をお読みになりましたか。

②週末はお出かけになりましたか。

③たばこをおすいになりますか。

④駅までタクシーにおのりになりますか。

1. - 2

①このあと何時にご出発になりますか。

②バーベキュー大会にご参加になりますか。

③きのうの会議にご出席になりましたか。

④明日何時ごろ説明会の会場にご到着にな
りますか。

2.

①ちょっとご相談があるんですが。

②社長のご家族から会社にお電話がありま
した。

③社長はX社からのご連絡をお待ちになっ
ています。（社長はX社からのご連絡を
待っていらっしゃいます。）

④アメリカにお送りになるんですね。では、
こちらにお名前とご住所をおねがいしま
す。

3.

①はい、こちらです。

②課長：おきゃくさまはどちらにいらっしゃ
いますか。

　　Ａ：ロビーで井上さんとお話しになって
います。（ロビーで井上さんと話してい
らっしゃいます。）

③Ａ：そちらに課長はいらっしゃいますか。

　　Ｂ：こちらにはいらっしゃいません。

STEP 2

①おきゃくさまがごらんになるしりょうはあ
ちらにじゅんびしました。

②部長が午前中の会議をご欠席になったの
でこのしょるいをわたしていただけません
か。

③もう新商品の説明をお聞きになりました
か。

STEP 3　（解答例）

①「課長、何時ごろ会社へおもどりになり
ますか」と言います。

②「おきゃくさまは何時にご到着になります
か」と言います。

Lesson 16 ③　　　　　　ぶんぽう

STEP 1

1.‐1

①このしりょうの説明は私がいたします。

②じむ所におります。

③課長に出張のご予定をうかがいました。

④このペンは課長にいただきました。

⑤社長のご家族にお目にかかったことがあ
ります。

1.‐2

①中国からまいりました。

②大川ともうします。

③ちょっとはいけんしてもよろしいでしょう
か。

④では、5時にうかがいます。

⑤井上さんに書き方を教えていただいて、
書きました。

2.

①あちらはＹ社の人事部の川名さんです。

②あれ、そちらは…？／ああ、こちらはクラ
スメイトのマリアさんです。

STEP 2

①大家さんに紹介していただいたアルバイ
トなのでがんばります。

②私、キムともうしますが山田さんはいらっ
しゃいますか。

③研修のとき、あちらの方にお名前をうか
がいましたがわすれてしまいました。

STEP 3　（解答例）

はじめまして。ウーともうします。ミャン
マーからまいりました。どうぞよろしくおね
がいいたします。

Lesson 16 ④　　　　　　ぶんぽう

STEP 1

1.‐1

①部長、ロッカーの上のはこ、私がおとり
します。

②先生にＮ3の問題集をお借りしました。

③すぐにおしらべします。

1.‐2

①おきゃくさま、この商品の使い方をご説
明します。

②支社長を会議室へご案内しました。

③すぐにご用意します。

2.

①研修のとき、山田さんにメールの書き方
を教えていただきました。

②セミナーのとき、はじめてＡ社の社長に
お会いしました。（セミナーのとき、はじ
めてＡ社の社長にお目にかかりました。）

③A社との会議のとき、新商品をお見せしました。

3.

①あちらです。(こちらです。)

②A：地下鉄の駅はどちらですか。

　B：こちらですよ。(あちらですよ。)

STEP 2

1.

①おじは私が小学生のときびょうきでなくなってしまった。

②すぐに先方に連絡してへんこうしていただきます。

③ひさしぶりに高校生のとき教えていただいた先生にお会いしました。

2.

（1）3　（2）2　（3）1

STEP 3 （解答例）

①「おきゃくさま、お手あらいはあちらです。ご案内します」と言います。

②家族といっしょに海へおよぎに行ったことです。

Lesson 16 1　　　　　　ちょうかい

1.

① b　　② a　　③ c

2.

① b　　② a

＊＊＊＊＊＊＊＊＊＊＊＊＊＊＊＊＊＊

1. ◀001 a. ～ c. のどれですか。

①Q 明日大阪支社の部長を空港へ迎えに行くので、飛行機の時間を聞きたいです。部長に何と言いますか。

F：a. 何時に迎えに行くとおっしゃいましたか。

　　b. 何時の飛行機でいらっしゃいますか。

　　c. 飛行機の時間を聞いていらっしゃいません。

②Q 会社へ韓国の料理を持って来ました。課長にも食べてもらいたいです。何と言いますか。

F：a. 韓国ののりまきです。召し上がりませんか。

　　b. 韓国ののりまきをご覧になりませんか。

　　c. 韓国ののりまきになさいませんか。

③Q 同僚はこの会社で仕事する前、大学で働いていたと言いました。その仕事をくわしく聞きたいです。何と言いますか。

F：a. 大学の仕事をご存じですか。

　　b. 大学で何を研究していらっしゃるんですか。

　　c. 大学でどんなお仕事をしていらっしゃったんですか。

2. ◀002 a. ～ d. のどれですか。

①Q 男の人はどんなペットがいいと思っていますか。

M：わあ、あの犬、かわいいですね。

F：本当。小さい犬ですね。山田さんは犬を飼っていらっしゃるんですか。

M：今住んでいるところはペットがだめなんですよ。ペットを飼ってもよかったら、猫が飼いたいんですけどね。

F：そうなんですか。うちは庭で犬を飼ってるんです。大きいですけど、かわいいんですよ。たくさん食べるので、お金がかかるんですけどね。

M：ああ、犬もいいですよね。でも、私、散歩に連れて行く時間がないんですよ。

F：山田さん、忙しいですからね。私の友だちは鳥を飼ってるんですけど、鳥なら散歩に行かなくてもいいし、食べ物にお金もかからないから、いいって言って

ました。

M：ああ、鳥もかわいいですよね。でも、私はせまい所に動物を入れたくないんです。

Q 男の人はどんなペットがいいと思っていますか。

②Q 男の人は昨日どうして病院へ行きましたか。

F：課長、おはようございます。昨日は午後、いらっしゃいませんでしたけど、どこかへいらっしゃったんですか。

M（課長）：うん、まあ…。はあ…。もう若くないなあ。体のいろいろなところが悪くなるよ。

F：え、どうなさったんですか。

M（課長）：この間から頭が痛くてね。悪い病気だったら大変だと思って、昨日医者に行ったんだけど、頭じゃなくて歯が悪かったんだよ。

F：え？ 歯が悪くて、頭が痛くなるんですか。

M（課長）：うん。そんなこともあるんだね。帰ってすぐにうちの近くの歯医者を予約したんだけど、行きたくないなあ。歯医者、きらいなんだよ。

F：でも、大変な病気じゃなくて、よかったですね。大きい病気になったら、本当に大変ですよ。お大事になさってくださいね。

Q 男の人は昨日どうして病院へ行きましたか。

Lesson 16 ②　　　ちょうかい

1.
① d　　② b
2.
① a　　② b

4

＊＊＊＊＊＊＊＊＊＊＊＊＊＊＊＊＊＊
1. 🔊003 a. ～ d. のどれですか。
①Q 課長はこの後何をしますか。

F：課長、X社の新商品の発表会、ご出席になりますか。

M（課長）：うん、前田さんと一緒に出席したいと思ってる。

F：このイベント、午前中と午後と2回ありますが、どちらに申し込みをなさいましたか。

M（課長）：え、申し込み？ いや、知らなかったなあ。うーん。そう。ちょっと考える。夕方会議で前田さんに会うから、そのとき相談してみよう。

F：申し込みは電話かインターネットで、今日の2時までです。

M（課長）：2時までか。夕方の会議の後では、間に合わないね。すぐに電話で聞いてみるよ。

Q 課長はこの後何をしますか。

②Q 女の人はこの後何をしますか。

F：井上さん、X社の中川様は何時ごろご到着になりますか。

M：30分前に会社をご出発になったとご連絡があったので、そろそろいらっしゃると思います。

F：では、もうお茶を準備したほうがいいですね。

M：そうですね。

F：中川様がいらっしゃったら、会議はあちらの部屋でなさいますよね。

M：ええ。

F：エアコンはつけました。書類はテーブルの上です。

M：わかりました。ありがとうございます。

Q 女の人はこの後何をしますか。

2. ◀━━004 a.～c. のどれですか。

① F：お客様からのお手紙は？

　M：a. あちらの机の上です。

　　　b. そちらにいらっしゃいます。

　　　c. お客様がお送りになりました。

② M：地下鉄とバス、どちらでいらっしゃいますか。

　F：a. 地下鉄の駅はこちらです。

　　　b. 歩いて行きますよ。

　　　c. バスで会社にお戻りになりました。

Lesson 16 ③　　　　　　　　ちょうかい

1.

① a　　② b　　③ a　　④ d

2.

① c　　② a　　③ b

＊＊＊＊＊＊＊＊＊＊＊＊＊＊＊＊＊＊

1. ◀━━005 a.～d. のどれですか。

① Q 女の人は課長といつ話しますか。

F：課長、おはようございます。すみません。ちょっとうかがいたいことがあるんです。今日か明日の午前中、少しお時間をいただきたいんですが…。

M（課長）：うーん…。今日はこれから会議で、午後から出張なんです。明日の2時ぐらいに帰ります。その後は時間がありますよ。

F：ああ、明日の午前はだめですね。私、明日の午後は人事部の研修があるんです。

M（課長）：ああ、そうでしたね。じゃあ…、会議の後はどうですか。30分ぐらいなら大丈夫ですよ。

F：はい、すみません。よろしくお願いいたします。

Q 女の人は課長といつ話しますか。

② Q 男の人は何をしましたか。

F（課長）：大川さん、X社の新商品の説明会、どうでしたか。

M：はい。プレゼンテーションを拝見しましたが、よく考えていらっしゃると思いました。

F（課長）：そうですか。後でレポートを出してくださいね。

M：はい。わかりました。X社の部長にもお目にかかって、お食事に連れて行っていただきました。いろいろなお話ができて、うれしかったです。

F（課長）：そうですか。

Q 男の人は何をしましたか。

③ Q 男の人は来月から何をしますか。

F：はじめまして。グエンです。どうぞよろしく。

M：はじめまして。スミスと申します。カナダから参りました。今は横浜支社で研修を受けています。研修が終わったら、システム部で仕事します。

F：私もシステム部です。

M：そうですか。どうぞよろしくお願いいたします。

F：スミスさん、日本語、とても上手ですね。

M：いえいえ、そんなことないです。今度の週末から、日本語学校へ行こうと思っているんです。

F：そうなんですか。研修は月末までですよね。来月から頑張ってくださいね。

M：ありがとうございます。いろいろ教えてください。よろしくお願いいたします。

Q 男の人は来月から何をしますか。

④ Q 女の人はだれと話していますか。

F：はじめまして。パクと申します。こちら、履歴書です。どうぞよろしくお願いいたします。

M：では、そちらに座ってください。いつ日

本へいらっしゃいましたか。

F：今年の4月に韓国から参りました。今、日本語学校で勉強しています。

M：そうですか。コンビニでアルバイトしたことはありますか。

F：いいえ、ありません。みなさんに教えていただいて、頑張りたいと思っています。

Q 女の人はだれと話していますか。

2. ◀006 a.～c.のどれですか。

①F：あちらの方はどなたですか。

　M：a. お名前は何とおっしゃいますか。
　　　b. あちらにおります。
　　　c. え？ どちらの方ですか。

②M：そちらの方はどなたですか。

　F：a. ご紹介します。X社の前田さんです。
　　　b. こちらはX社の歓迎会の会場です。
　　　c. こちらにお願いします。

③M：パクさん、こちらはアントニオさんです。イタリアの方ですよ。

　F：a. アントニオさんはどちらからいらっしゃったんですか。
　　　b. そうですか。アントニオさん、どうぞよろしく。
　　　c. あちらはアントニオさんですか。私はパクと申します。

Lesson 16 ④　　　　　　ちょうかい

1.
① b　　② a　　③ c

2.
① b　　② b
＊＊＊＊＊＊＊＊＊＊＊＊＊＊＊＊＊＊

1. ◀007 a.～c.のどれですか。

①Q お客さまをセミナーの会場へ案内します。お客様に何と言いますか。

F：a. セミナー会場へご案内になります。こちらへどうぞ。
　　b. セミナーの会場はあちらです。ご案内します。
　　c. 本日の会場へ案内していただきたいんですが。

②Q これから課長が出かけます。課長に何と言いますか。

F：a. 何時ごろお戻りになりますか。
　　b. 何時ごろお戻りになったんですか。
　　c. 何時ごろ戻っていただきますか。

③Q 課長が荷物を送る準備をしていますが、住所がわからないと言っています。課長に何と言いますか。

M：a. 先方の住所をご存じですか。
　　b. こちらにご住所をお願いします。
　　c. 先方の住所をお調べします。

2. ◀008 a.～d.のどれですか。

①Q 男の人はいつアプリを使っていますか。

M：課長、今よろしいですか。お久しぶりです。研修のときは、本当にお世話になりました。

F（課長）：ああ、ウーさん。仕事はどうですか。

M：はい、頑張っています。あ、この前、歓迎会のとき、課長に教えていただいたスケジュールのアプリ、私も今、使っているんです。何かあったら、すぐにこれに入力しているので、大切なことを忘れなくなりました。いいアプリを教えていただいて、ありがとうございました。

F（課長）：いえいえ。あのアプリ、便利で

しょう。それ、仕事のときも便利だけど、私は海外旅行のときも使っているんですよ。外国へ行ったときも、日本の時間で予定を知らせるアプリだから、まちがえないんです。

M：ああ、そうなんですか。海外旅行へ行く予定はまだありませんけど、もし行ったら使ってみます。

F（課長）：来年になったらウーさんも中国とかシンガポールとかに出張があると思うので、そのときはぜひ使ってください。

M：はい、そうします。

Q 男の人はいつアプリを使っていますか。

②Q 男の人はどんなとき、問題集を使って勉強しましたか。

F：私、12月にN4の試験を受けようと思ってるんだけど、オウさんは？

M：ぼくはN3を受けたいんだ。ニュンさん、ぼく、N4の問題集があるけど、使う？

F：え、借りたい！ 買おうと思ってたの。ありがとう。ねえ、オウさんはどうやって勉強したの？

M：電車の中でアプリで勉強したり、教科書を見たりした。問題集は学校やアルバイトがない日とか夏休みとかに3回ぐらい同じ問題をやったよ。

F：へえ、すごいね。私、できるかな。

M：大丈夫だよ。明日持って来るよ。お昼、時間があったら、一緒に食べない？ご飯を食べながら、勉強の仕方を教えるよ。

F：ありがとう。よろしくね。

Q 男の人はどんなとき、問題集を使って勉強しましたか。

Lesson 17 ① ぶんぽう

STEP 1

1.

①山本さんは中田さんより年下です。（山本さんは中田さんよりわかいです。）

②スカイツリーは東京タワーより高いです。

③東京は大阪より人口が多いです。

2.

①キムさんはピアノをひくことができます。

②この車は7人のることができます。

③リさんは（車を）運転することができません。

3.

①この3台の中でくろい車が一番はやいです。

②きせつの中で春が一番すきです。

③HA社の工場の中でC工場が一番大きいです。

STEP 2

1.

① 1 ② 4 ③ 1

2.

①あねは山田さんのいもうとさんよりせがひくいです。

②あそこはこの近くの店の中で一番安いから、人気があるんですよ。

③でも、止まることができなくてたいへんでした。

STEP 3 （解答例）

①私の国は日本よりバスが多いです。

②はい。私は100メートルぐらいおよぐことができます。／私はスキーをすることができます。

Lesson 17 ② ぶんぽう

STEP 1

1.

①私は来年この大学の入学試験を受けるつ

もりです。

②私はこれからあまいものを食べないつもりです。

③私はけっこんしたら家を買うつもりなので、ボーナスは使いません。

2.

①この食品売り場ではいろいろな食べ物の試食ができます。

②このケーキ屋はネットでクリスマスケーキの予約ができます。

③私の家はカードでやちんのしはらいができるので、べんりです。

3.

①あには先月車のめんきょをとったのに、運転しません。

②このひっこしのアルバイトはとてもたいへんなのに、時給が安いです。

③きのう8時間寝たのに、今日は朝からとてもねむいです。

STEP 2

1.

①子どもが生まれたら、かんきょうがいい所にひっこすつもりだ。

②こちらはへんこうができないチケットですので、キャンセルして、もういちどご予約をおねがいいたします。

③くすりを飲んだのによくならないので、明日びょういんへ行くつもりだ。

2.

（1）2　（2）3　（3）4

STEP 3　（解答例）

①友だちの家へ行くつもりです。

②きれいな海でおよぐことができます。

STEP 1

1.

①けいたい電話でラジオを聞くことができます。

②このボールペンで書いたものはけしゴムでけすことができます。

③インターネットで家を買うことができるんですか。

2.

①Ａ：Ｂさんはラーメンとうどんとどちらがすきですか。

　Ｂ：うどんのほうがすきです。

②Ａ：ニューヨークと東京とどちらが物価が高いですか。

　Ｂ：あまりかわりませんが、東京のほうが高いと思います。

3.

①でも、気温は今週のほうが先週より高いです。（でも、気温は今週より先週のほうが低いです。）

②大阪より神奈川のほうが（人口が）多いんですよ。

STEP 2

1.

①これとあれとどちらのみかんがあまいですか。

②さくらホールなら、ここからバスで行くことができますよ。

2.

（1）4　（2）3　（3）1

STEP 3　（解答例）

①映画を20回見ることができます。

②電車のほうがべんりだと思います。／電車はあまり時間におくれませんから。

8

1.

① c　　② b　　③ b

2.

① d　　② b

＊＊＊＊＊＊＊＊＊＊＊＊＊＊＊＊＊＊

1. 🔊009 a.〜c. のどれですか。

①Q　一番背が高い人はだれですか。

M：まいさんは背が高いですね。みさきさんと同じぐらいですよね。

F：いえいえ。私はみさきさんより低いですよ。私はいつも高いくつをはいているけど、みさきさんはスニーカーですから。

M：そうですか。まいさんは何センチぐらいですか？

F：169センチです。田中さんは？

M：ぼくはまいさんより2センチ低いです。

Q　一番背が高い人はだれですか。

②Q　今一番たくさん自動車を作っているのはどの工場ですか。

F（インタビュアー）：こちらの会社では一年間に何台ぐらい自動車を作っていらっしゃるんですか。

M：日本では毎年30万台ぐらいです。

F（インタビュアー）：え、30万台？

M：はい。海外も入れると100万台ぐらいです。

F（インタビュアー）：ああ、海外にも工場があるんですか。

M：はい。台湾とブラジルにあります。今は台湾のほうが多いんですが、あと3年ぐらいでブラジルのほうが多くなると思います。

Q　今一番たくさん自動車を作っているのはどの工場ですか。

③Q　だれが一番年下ですか。

F：あ、多田さん。それ、ご家族のお写真

ですか。子どもさん、大きくなりましたね。これ、しょうたくんですか。

M：いえ。それは弟のなおきです。しょうたはこれ。今年の春から高校生です。

F：まあ。それはおめでとうございます。なおきくんはお兄ちゃんより背が高いんですね。

M：ええ。170センチなんです。

F：へえ。ええと、じゃあ、こちらの女の子がまなちゃんですね。まなちゃんはおいくつですか。

M：9月に18歳になります。

F：ああ、しょうたくんはまなちゃんより2歳年下でしたね。子どもさんが3人もいらっしゃって、毎日にぎやかでしょう？　いいですね。

M：ええ。生活は大変ですけど、楽しいですよ。

Q　だれが一番年下ですか。

2. 🔊010 a.〜d. のどれですか。

①Q　女の人はこの後何をしますか。

M：あの…、土屋さんはネパール語ができますよね。来月、ネパールからお客様がいらっしゃるので、そのときに、通訳、できませんか。

F：え？　私ですか。1年ぐらい習いましたけど、通訳は無理です。

M：お客様は英語もおできになりますから、大丈夫だと思うんですが。

F：私、英語はネパール語より下手なんです。

M：そうですか。わかりました。じゃあ、だれかお友だちを紹介してもらうことはできませんか。

F：そうですねえ。うーん…。ああ、あの人、通訳できるかなあ…。ちょっと聞

いてみます。

M：よろしくお願いします。

Q 女の人はこの後何をしますか。

②Q 女の人は春から何をしますか。

F：私、春から何かスポーツを始めたいと思ってるんです。何がいいかな。

M：私はダイビングとゴルフをやってるんですけど、どちらも楽しいですよ。ゴルフなら、ちょっと教えることもできます。

F：へえ、教えることができるんですか。すごいですね。でも、私、ボールを使うスポーツは、だめなんですよ。テニスを習ったことがあるんですけど、上手にならなかったんです。それに、水の中でやるスポーツは無理です。私、泳ぐことができないので。

M：そうですか。じゃあ、ボールを使わない運動か…。ああ、ジョギングはどうですか。いつでもどこでもできますよ。

F：ジョギングはときどきしているんです。それに、私、何か新しいことをやってみたいんです。

M：新しいこと？ それなら、私、教えますから、一緒にやりましょうよ。テニスとゴルフはちがいますから、大丈夫ですよ。

F：そうですか。じゃあ、やってみようかな。よろしくお願いします。

Q 女の人は春から何をしますか。

Lesson 17 ② ちょうかい

1.

① d ② a

2.

① a ② b ③ c

3.

① a ② c ③ b

＊＊＊＊＊＊＊＊＊＊＊＊＊＊＊＊＊＊

1. ◀011 a.～d. のどれですか。

①Q 女の人は夏休みにどのアルバイトをしますか。

F：田中さん。夏休みにアルバイトをしようと思ってるんだけど、ちょっと見てくれない？ この中でどれがいいと思う？

M：うーん。あ、これは時給が高いね。ボーナスもあるよ。

F：ああ、引っ越しのバイトね。女の人も重い物、運ぶのかな。できるかなあ。

M：そうだねえ…。じゃあ、こっちは？ それより少し時給が安いけど、大変じゃないと思うよ。

F：ああ、事務所の仕事か。それもいいね。

M：あ、こっちはどう？ お弁当を作る仕事。時給がいいよ。長い時間立ってやる仕事だからかなあ。

F：うーん。時給が安くてもいいから、あまり大変じゃないバイトがいいなあ。

M：じゃあ、ここに連絡してみる？

F：うん、そうする。

Q 女の人は夏休みにどのアルバイトをしますか。

②Q 女の人は男の人に何を頼みましたか。

F：もうすぐ年末のお休みですね。私は帰国しようと思っているんですけど、リさんは？

M：私もそのつもりです。中国の正月は2月なんですけど、会社が一週間休みですからね。それに家族にも会いたいですから。

F：そうですか。あのう、もし時間があったら、お願いしたいことがあるんですけど…。

M：何ですか。

F：中国のお茶がほしいんです。お願いできませんか。

M：ああ、いいですよ。どんなお茶ですか。

F：ウーロン茶です。前に中国に行ったときに飲んだんですが、とてもおいしくて。

M：わかりました。

F：あ、もちろんあとでお金は払いますから。

M：いいえ。大丈夫ですよ。

Q 女の人は男の人に何を頼みましたか。

2. 🔊012 a.〜c. のどれですか。

①F：こちらのお店、カードで支払いができますか。

  M（店員）：a. すみませんが、現金でお願いします。

    b. 申し訳ありませんが、カードはありません。

    c. はい。お支払いになります。

②M：この近くにキャンプができる所、ある？

  F：a. 私、キャンプはできないよ。

    b. さあ。キャンプはしたことがないから…。

    c. え、ないの？ どうしよう。

③M：来週の大阪支社への出張のスケジュール、変更したいんですが。

  F：a. いつご変更になりましたか。

    b. はい。大阪へいらっしゃいましたよ。

    c. はい。できると思います。

3. 🔊013 a.〜c. のどれですか。

①Q 友だちが食事の後で、店員にチョコレートケーキを頼みました。友だちに何と言いますか。

M：a. たくさん食べたのに、まだ食べるの？

  b. どうしてケーキを食べないの？

  c. 何を食べるつもり？

②Q 課長が今日会社を辞めます。課長に何と言いますか。

F：a. いつ会社をお辞めになったんですか。

  b. 会社をお辞めになった後、何をなさいましたか。

  c. まだ教えていただきたいことがたくさんあるのに、残念です。

③Q 同僚が車を買いました。まだ免許はありません。同僚に何と言いますか。

F：a. 車を買うなら、いい店を知っていますよ。

  b. 免許がないのに、車を買ったんですか。

  c. 免許を取ったら、車を買うんですか。

Lesson 17 ③　　　　ちょうかい

1.

① a　　② b

2.

① a　　② b　　③ c

＊＊＊＊＊＊＊＊＊＊＊＊＊＊＊＊＊＊＊

1. 🔊014 a.〜c. のどれですか。

①Q 女の人は何でうどんを食べましたか。

F：先週山田さんに教えてもらった駅前のうどん屋に、昨日行ってみたんです。

M：へえ。何を食べたんですか。

F：天ぷらうどんを食べました。とてもおいしかったです。でも、おはしで上手に食べることができなくて、ちょっと大変でした。

M：え、フォークを借りなかったんですか。

F：うどん屋でフォークを借りることができるんですか。知りませんでした。

M：フォークとスプーンなら、どの店にもあ
ると思いますよ。

F：え、スプーンも？　そうですか。じゃあ、
今度はそうします。

Q 女の人は何でうどんを食べましたか。

②**Q 男の人はどうやってロッカーを開けま
すか。**

F（課長）：安井さん、こちらが安井さんの
IDカードです。これは安井さんのIDの
番号です。どうぞ。なくさないでくださ
いね。

M：はい、ありがとうございます。ロッカー
の部屋にはいつでも入ることができる
んですか。

F（課長）：はい、できます。入り口のドア
にそのカードを当ててください。そうす
ると、ドアが開きます。

M：ロッカーを開けるときは？

F（課長）：ロッカーを開けるときは、IDの
番号を押してください。

M：この番号ですね。わかりました。

**Q 男の人はどうやってロッカーを開けます
か。**

2. 🔊 015 a.～c.のどれですか。

①**Q 友だちと美術館の案内を見ています。
友だちに何と言いますか。**

M：a. 週末は人が多いから、ここへ行くな
ら平日のほうがいいよ。

b. ここでどんな映画を見ることができ
るの？

c. ぼく、音楽はあまり聞かないんだ。

②**Q 明日から初めて京都へ行く友だちに京
都の天気を教えてあげたいです。何と
言いますか。**

F：a. 京都と東京とどちらが暑かった？

b. 京都のほうがここよりちょっと気温

が高いよ。

c. 明日東京は午後から雨だから、かさ
を持って行ったほうがいいね。

③**Q 東京の物価は高いですが、ベトナムの
物価は安いです。一緒に買い物してい
る人に何と言いますか。**

F：a. ベトナムと東京とどちらが物価が安
いですか。

b. ベトナムより東京のほうが物価が安
いですよ。

c. ベトナムは東京より物価が安いです
よ。

Lesson 18 1	ぶんぽう

STEP 1

1.－1

①電気自転車はバッテリーをセットすると、
のることができます。

②ここをクリックすると、ろくおんが始まり
ます。

③お金を入れて、食べたいメニューをえら
んで、ボタンをおすと、ここから出ます。

1.－2

①つぎに、チャージしたいきんがくのボタン
をおします。／それから、お金を入れる
と、チャージできます。（そして、お金を
入れると、チャージできます。）

②まず、ATMにカードを入れて、今の番号
を入力します。／つぎに、へんこうした
い番号を2回入力します。／それから、
「決定」ボタンをおすと、あんしょう番号
がへんこうできます。（そして、「決定」ボ
タンをおすと、あんしょう番号がへんこう
できます。）

2.

①これはバナナを切るのに使います。

②これはホッチキスのはりをはずすのに使

います。（これはホッチキスのはりをとる
のに使います。）

③これはけいたい電話をじゅうでんするの
に使います。

STEP 2

1.

①　2　　②　1

2.

①このトイレは前に人がたつと水がながれ
るんです。

②漢字の読み方をしらべるのにアプリを
使っています。

STEP 3　（解答例）

「ASK」です。／日本語の文法を練習する
のに使います。

Lesson 18 2　　　　ぶんぽう

STEP 1

1.

①A：先週いただいたくすり、にがくて、飲
みにくいんです。

　いしゃ：あまくて、飲みやすいと思います
よ。

②A：この席、ホワイトボードが見えにくい
ね。

　B：前のほうが見えやすいね。

③A：このしりょう、わかりにくいでしょう
か。

2.

①びじゅつかんはこの道をまっすぐ行くと、
（左に）あります。

②動物園は2つ目のかどを左にまがると、
（左に）あります。

③区役所はあのこうさてんをわたると、（右
に）あります。

④この道をまっすぐ行って、2つ目のかどを
右にまがると、銀行があります。病院は

その銀行のとなりですよ。

STEP 2

1.

①　1　　②　3　　③　2

2.

①でも、ファスナーが開けにくくてものが入
れにくいんだ。

②あのこうさてんをわたって2つ目のかどを
右にまがると、大きいスーパーがありま
す。

STEP 3　（解答例）

①はい、住みやすいです。／大きいスーパー
があってべんりですから。

②駅前の道を左にまっすぐ行くと、スー
パーがあります。そのかどを右にまがる
と、コンビニがあります。私の家はその
コンビニのとなりです。

Lesson 18 3　　　　ぶんぽう

STEP 1

1.

①駅前に大きいスーパーがあってべんりだ
し、公園が多くてかんきょうもいいから、
みどりまちにひっこしたいです。

②あの店は家から1時間ぐらいかかるし、
時給も安いから。

③でも、着物はおびのむすび方がむずかし
いし、歩きにくいから、ちょっとたいへん
だよ。

2.

①みどりまちまでバスにのって、そこからタ
クシーで帰ります。

②A：どうやって作るの？

　B：とり肉とたまねぎをいためて、そこに
水とさとうとしょうゆとたまごを入れ
て少しにて、それをごはんの上にの
せるんだよ。

3.

① ちゃんと勉強してから、テストを受けたほうがいいよ。

② 作文を出してから、帰ってください。

③ 課長にこのしりょうを見ていただいてから、コピーしてください。（課長にこのしりょうを見てもらってから、コピーしてください。）（課長にこのしりょうを見せてから、コピーしてください。）

STEP 2

1.

① 4 ② 2

2.

① かれはかっこいいしやさしいから人気があります。

② これは肉をレタスにのせて食べるんです。

STEP 3　（解答例）

シエニケイトです。／たまねぎときのことハムをバターでいためて、しおを入れます。それから、そこにぎゅうにゅうを入れて、にます。

Lesson 18 1　　　　　　　ちょうかい

1.

① a → d → c → e → b

② d → b → a → c → e

2.

① バッグハンガーは荷物をかけるのに使います。

② トレーニングチューブはストレッチ（を）するのに使います。

③ これはトイレの音をけすのに使います。

＊＊＊＊＊＊＊＊＊＊＊＊＊＊＊＊＊

1. ◀016 a. ～ e. のどれですか。

① Q 女の人はどうやって切符を受け取りましたか。

F：すみません。ネットで新幹線の切符を

予約したんですが。クレジットカードでお金は払ってあります。

M（駅員）：はい。では、こちらの機械を使っていただきます。まず、「予約受け取り」のボタンを押してください。

F：はい、押しました。

M（駅員）：次に、ご予約のときにお使いになったカードをここに入れてください。

F：支払いに使ったカードですね。

M（駅員）：そうです。

F：はい、入れました。

M（駅員）：では、こちらをご覧になってください。お客様のご予約はこちらですか。

F：ああ、はい、そうです。来月3日朝10時の大阪行きです。

M（駅員）：では、確認ボタンを押すと、こちらからカードが出ますので、お取りください。その後、こちらから切符が出ます。

F：ああ、出ました。ありがとうございました。

Q 女の人はどうやってチケットを受け取りましたか。

② Q 男の人はどうやってロッカーのかぎを閉めますか。

F：川田様、お荷物はこちらのロッカーに入れていただきますので、使い方をご説明します。

M：はい、お願いします。

F：お荷物を入れて、ドアを閉めたら、受付でお渡ししたジムのカードをこちらに入れてください。

M：はい。

F：次に暗証番号をセットしていただきます。川田様がお好きな番号を選んで、ボタンを押してください。

M：好きな番号ですね。じゃあ、1・2・3・
4。

F：それから、クローズのボタンを押すと、
かぎが閉まります。

M：ああ、閉まりました。わかりました。

F：では、カードを取ってください。開ける
ときはカードを入れて、暗証番号を押
して、オープンのボタンを押してくださ
いね。

Q 男の人はどうやってロッカーのかぎを閉
めますか。

2. ◀017 何に使いますか。

例) F：それ、きれいですね。何ですか。

M：これは祝儀袋です。お祝いのお金
を入れるのに使うんですよ。

F：ああ、これにお金を入れて、渡す
んですね。

M：ええ。友だちが結婚するので、お
祝いに渡そうと思っています。

①M：これ、使いませんか。もらったんで
すけど、ぼくは使わないから。

F：え？ これ、何ですか。

M：バッグハンガーです。テーブルに置
いて、荷物をかけるのに使うんです。

F：へえ、便利ですね。ありがとうござい
ます。いただきます。

②F：その長いの、何に使うんですか。

M：これは、トレーニングチューブです。

F：ああ、ストレッチするのに使うんです
ね。

M：私はこれで背中のストレッチをしてい
ますけど、いろいろな使い方ができ
るんですよ。

F：へえ。わあ、これ気持ちいいですね。

③M：このボタン、押したらどうなるんです
か。

F：これを押すと、水が流れる音が出る
んですよ。

M：え？ どこで使うんですか。

F：トイレです。トイレの音を消すのに使
うんです。日本では女の人のトイレ
にはよくある物なんですよ。

Lesson 18 2　　　　　　　　**ちょうかい**

1.

① a　　② c　　③ a

2.

① b　　② d　　③ a

＊＊＊＊＊＊＊＊＊＊＊＊＊＊＊＊＊＊

1. ◀018 a.〜c. のどれですか。

①M：そのお肉、食べにくいですか。

F：**a.** ちょっとかたいんです。

b. このレストラン、ちょっと高いで
すね。

c. 私、魚より肉のほうが好きなんで
すよ。

②F：私の携帯電話、番号の終わりが4321
なんです。

M：**a.** へえ、忘れやすいですね。

b. へえ、わかりにくいですね。

c. へえ、覚えやすいですね。

③M：お客様、こちらはいかがですか。こ
れなら荷物をたくさん入れることが
できますよ。軽いので、旅行にも使
いやすいと思いますが。

F：**a.** ああ、持ちやすいですね。

b. うーん…。ボタンが多くて、着に
くくないですか。

c. 軽いけど、小さくて歩きにくいと
思います。

2. ◀019 a.〜d. のどこですか。

①Q 区役所はどこにありますか。

15

F：すみません。区役所に行きたいんですけど、何番のバスですか。

M（バス乗り場の人）：3番です。でも、次のバスは30分あとですね。区役所なら、ここから歩いて10分ぐらいですよ。

F：そうなんですか。じゃあ、歩きます。ここからどうやって行くんですか。

M（バス乗り場の人）：あの銀行の前の交差点を渡ったら、2つ目の角を左に曲がってください。

F：角を左ですね。

M（バス乗り場の人）：はい。5分ぐらいまっすぐ行くと、右に区役所がありますよ。

F：そうですか。わかりました。ありがとうございました。

Q 区役所はどこにありますか。

②Q みどり大学はどこにありますか。

F（先生）：今度の週末はみどり大学のオープンキャンパスですね。ヤンさんは行きますか。

M：はい、行ってみるつもりです。先生、みどり大学はみどり駅から近いですか。

F（先生）：ええ。歩いて10分ぐらいですよ。駅の向かいに大きいカラオケの店があります。

M：はい。

F（先生）：その前を左にまっすぐ行くと、交差点があります。交差点を右に曲がって、3分ぐらい行くと、左にあります。

M：わかりました。ありがとうございます。

Q みどり大学はどこにありますか。

③Q さくらやまホテルはどこですか。

F：あのう、さくらやまホテルへ行きたいんですけど、この近くですか。

M：さくらやまホテル？ ああ、歩いて20分ぐらいですけど、タクシーなら、5分ですよ。

F：歩いて行きます。この道を左ですか。

M：はい。左にまっすぐ10分ぐらい行くと、大きい交差点があるから、そこを右です。

F：交差点を右ですね。

M：それから2つ目の角を左に曲がると、ありますよ。

F：はい。ありがとうございました。

Q さくらやまホテルはどこですか。

Lesson 18 ③　　　　　　　　**ちょうかい**

1.

① a　　② b　　③ c

2.

① b　　② c

3.

① b　　② c

＊＊＊＊＊＊＊＊＊＊＊＊＊＊＊＊＊

1. 🔊020 a.〜c.のどれですか。

①M：どうして引っ越すんですか。

　F：a. 今の部屋は古いし、家賃が高いですから。

　　　b. 来月引っ越すんですが、手伝っていただけませんか。

　　　c. 引っ越しの日は雨が降って、大変でしたよ。

②M：どうして着物を着ないんですか。

　F：a. この帯は半分に折ってから結ぶんですよ。

　　　b. 着方が難しいし、洗濯も大変ですから。

　　　c. 私も着物を着ている男の人はかっこいいと思います。

③M：ベトナムのフォー、食べたこと、ありますか。

　F：a. 来月ベトナムへ行くんです。

　　　b. 牛肉と玉ねぎを炒めて、少し煮る

んですね。

c. ええ。とても好きです。

2. ◀ 021 a. 〜 c. のどれですか。

① Q 友だちが学校を休みました。休んだ理由がわかりません。友だちに電話で何と言いますか。

M：a. どうやって休んだの？

b. どうして休んだの？

c. だれが休んだの？

② Q レストランで同僚が「親子丼」を食べています。作り方を知りたいです。何と言いますか。

F：a. それ、何を作るんですか。

b. それ、どこで作るんですか。

c. それ、どうやって作るんですか。

3. ◀ 022 a. 〜 d. のどれですか。

① Q 男の子はこの後まず何をしますか。

F（母）：りんごのクッキー、作ったんだけど、食べる？

M（子）：わあ、いただきます。

F（母）：手を洗ってから。

M（子）：はーい。あ、ぼく、ジュースもほしいな。

F（母）：冷たいお茶なら、あるよ。

M（子）：じゃあ、それにする。

Q 男の子はこの後まず何をしますか。

② Q 女の人はこの後まず何をしますか。

M（課長）：アティさん、すみませんが、このファイルに新しい商品の番号と金額のデータを入力してください。

F：わかりました。新しい商品ですね。番号と金額はどうやって調べればいいでしょうか。

M（課長）：ああ、ここに商品の資料があるので、それを見て、やってください。

F：はい、わかりました。

M（課長）：終わったら、入力したデータを私に見せてください。

F：はい。すぐにやります。

Q 女の人はこの後まず何をしますか。

Lesson 19 ① ぶんぽう

STEP 1

1

① A：日本ではおさけは飲めませんよ。

B：私の国では18さいから飲めるんですけど…。

② A：このチケット、使えますか。

店員：お使いになれます。

③ 私、留学生なんですが、このお店ではたらけますか。（私、留学生なんですが、このお店でアルバイト（が）できますか。）

2.

① めんせつのときに着る服、これでいいと思う？（めんせつのときに着る服、この（グレーの）スーツでいいと思う？）

② 一番近い「みどり」でいいですか。（一番近い店でいいですか。）（一番近い所でいいですか。）

③ りんごジュースでいい？（これでいい？）

STEP 2

1.

①　3　　②　4　　③　4

2.

① 山田さんに電話をかけたら出られるから、ちょっと待って。

② 先生に欠席の連絡はメールでいいと言われました。

③ あそこは車は通れないのでつぎのかどを左にまがります。

STEP 3 （解答例）

チェンマイです。／ぞうにのることができま

す。

STEP 1

1.

①練習したので、先月の夏まつりでぼんおどりがおどれました。（練習したので、先月の夏まつりでぼんおどりができました。）

②自分の家の住所が漢字で書けますか。

③日本に来る前、日本語で会話ができませんでした。

2.

①明日は6時に家を出るので、5時半に起きなくてはいけません。

②しゅっちょうのレポートを書いて、今週中に課長に出さなくてはいけません。

③ミーティングできまったことを、すぐに部長にほうこくしなくてはいけません。

3.

①私はどこでもいいです。

②来週なら、私はいつでもだいじょうぶだよ。（来週なら、私は何曜日でもだいじょうぶだよ。）

③私、どれでもいいよ。（私、どのいろでもいいよ。）

STEP 2

1.

①　1　②　3　③　4

2.

①今は日本の生活になれて、一人で何でもやれるのでだいじょうぶです。

②リサイクルできる物とできない物は分けてすてなくてはいけません。

③Aさんのデータと私のをいっしょにすれば書けると思います。

STEP 3　（解答例）

①バイオリンがひけます。

②100字ぐらい読めます。

③部屋のそうじとせんたくをしなくてはいけません。

STEP 1

1.

①あねはおとうとにたすけられました。

②ラマさんは友だちにてつだいをたのまれました。

③リさんは課長にプレゼンテーションをほめられました。

④課長に何を聞かれたんですか。

⑤今度のテストのことをいろいろ質問されたんです。

⑥タンさんにクリスマスパーティーにさそわれたんだけど、Bさんも行く？（タンさんにクリスマスパーティーにしょうたいされたんだけど、Bさんも行く？）

⑦20年ぐらい前にサッカーの日本代表にえらばれたこともあるすごい人だよ。

STEP 2

1.

①　Aさん　②　Aさん　③　Bさん

2.

（1）3　（2）4　（3）3

STEP 3　（解答例）

高校の入学試験のめんせつを受けたことがあります。／「高校の3年間でどんなことがしたいですか」と聞かれました。／「友だちといっしょに勉強やスポーツをがんばりたいと思っています」とこたえました。

1.

①　c　②　b

2.
① b ② a ③ a

****

1. ◀023 a.～d.のどれですか。

①Q 女の人はこの後まず何をしますか。

M：お電話ありがとうございます。レストラン ASK でございます。

F：あのう、アルバイトの募集を見て、お電話したんですが、ご担当の方、お願いします。

M：はい。私、担当の上田です。アルバイトですね。では、面接に来てください。えーと、今から来られますか。

F：今からですか。学校の授業が5時までなので、その後ならうかがえます。

M：じゃあ、6時に来てください。そのとき、履歴書と身分証明書を持って来てください。

F：履歴書ですね。コンビニとかで売っている履歴書でいいですか。

M：はい、けっこうです。

F：わかりました。すぐに買いに行きます。では、午後6時にうかがいます。どうぞよろしくお願いいたします。

Q 女の人はこの後まず何をしますか。

②Q 男の人はこれから何を買いますか。

M：コンビニにお弁当、買いに行くけど、何かほしいものある？

F：あ、ねえ。コンビニのとなりのドラッグストアへ行ってもらえない？

M：え、薬を買うの？

F：ちがう、ちがう。今日、水曜日でしょ。あの店、水曜日はカップラーメンが安いの。50円なんだよ。

M：え、50円？ ずいぶん安いね。へえ、知らなかった。

F：安いでしょ。あそこ、せまいけど、おか

しとかジュースとか食べ物も買えるんだよ。あ、お弁当はないんだけど。

M：そうかあ。じゃあ、ぼくも今日はキムさんと同じのにする。行ってきます。

F：ありがとう。お願いね。

Q 男の人はこれから何を買いますか。

2. ◀024 a.～c.のどれですか。

①M：今度のミーティング、水曜日の4時からでいいですか。

F：a. はい。3時までなら出席できます。

b. はい。4時からですね。

c. すみませんが、木曜日は予定があるんです。

②F：あ、雨だ。かさ、ない。どうしよう。

M：a. ぼく、2本持ってる。

b. 大丈夫。明日はいい天気になるよ。

c. 雨が降ったら、寒くなるね。

③F：キムさんの誕生日に何をあげたらいいと思う？

M：a. かわいい服がいいと思う。

b. 明日でいいと思う。

c. 何かあげたほうがいいと思う。

Lesson 19 ② ちょうかい

1.
① c ② b

2.
① a ② c ③ b

****

1. ◀025 a.～d.のどれですか。

①Q 男の人はどうやってゆかたを着ますか。

F：今度お祭りに行くとき、ゆかたを着ようと思ってるんだ。

M：へえ。だれかに着せてもらうの？

F：ゆかたなら自分で着られるよ。友だちがインターネットでゆかたの着方を覚えたって言うからやってみたんだけど、よくわからなかったから、私は母に教えてもらったの。でもまだ慣れていないから、本を見ながら着るんだけどね。

M：へえ、すごいね。あ、じゃあ、ぼくに着せてくれない？ ゆかた、持ってるんだけど、自分で着られないんだ。

F：え。私、自分で着られるけど、人には着せられないの。ごめん。よかったら、私の本、貸そうか？ 私は母に手伝ってもらうから。

M：本当？ ありがとう。

F：じゃあ、お祭りのとき、一緒にゆかた着てぼんおどり、おどろうね。

M：え？ おどるの？

Q 男の人はどうやってゆかたを着ますか。

②Q 男の人は何字ぐらい漢字を覚えなくてはいけませんか。

M：先生、漢字は何字あるんですか。

F（先生）：5万ぐらいだと聞きましたが、よくわかりません。

M：え、5万ですか？ 困ったなあ…。無理です。覚えられません。

F（先生）：大丈夫。日本人もそんなにたくさんの漢字は覚えていませんよ。

M：そうなんですか。じゃあ、私たちは何字ぐらい勉強するんですか。

F（先生）：日本の小学生は6年間で1,000字ぐらい漢字を勉強するんです。中学生は3年間で1,000字ぐらい勉強するので、それぐらい覚えれば、日本人と同じレベルですね。

M：そうですか。5万じゃなくて、よかったです。でも、これから日本人と一緒に勉強したり、会社で働いたりするなら、

それぐらい勉強しなくてはいけないんですね。はあ…。頑張ります。

Q 男の人は何字ぐらい漢字を覚えなくてはいけませんか。

2. ◀026 a.～ c.のどれですか。

①M：明日、新宿でどの映画、見る？ ぼくは何でもいいよ。

F：a. 私もどれでもいい。

b. 映画を見るなら、新宿へ行ったほうがいいよ。

c. どの映画が見たいの？

②F：この仕事、だれに頼みましょうか。

M：a. その仕事、簡単ですから、どれでもいいですよ。

b. 今週中にやると言ってましたけど。

c. そうですねえ。シンさんはどうでしょうか。

③M：食べられないものがありますか。

F：a. はい。それはどこにあるんですか。

b. はい。魚が好きじゃないんです。

c. いいえ。いくつでも大丈夫です。

<table>
<tr><td colspan="2">**Lesson 19 ③**</td><td>**ちょうかい**</td></tr>
</table>

1.

① a   ② b

2.

① a   ② b   ③ c

＊＊＊＊＊＊＊＊＊＊＊＊＊＊＊＊＊＊＊

1. ◀027 a.～ d.のどれですか。

①Q 女の人は来月友だちと一緒に何をしますか。

F：先生。来月、専門学校のオープンキャンパスがあるんですが、私も参加できますか。

M（先生）：ニュンさんは今年の秋に専門学

校の入学試験を受けるんですか。

F：いいえ。友だちに誘われたんです。料理の専門学校なんですけど、私も料理を勉強したいと思っているので、説明を聞いたり、学校の中とか授業とかを少し見たりしてみたいんです。

M（先生）：ああ、そうなんですか。入学を考えている人ならだれでも行けますよ。

F：そうですか。わかりました。

Q 女の人は来月友だちと一緒に何をしますか。

②Q 男の人はこの後何をしますか。

M：アティさん、課長がお呼びになっていますよ。

F：え…、あの、今、1時半からの会議に使う書類をコピーしているんですけど…。

M：1時半？ あと15分ですね。じゃあ、私がコピーしますよ。どれですか。

F：あのう、これ全部やらなくてはいけないんです。

M：え、これ全部？ 1時半までにできるかな…。どうして午前中にやらなかったんですか。

F：私も今山下さんに頼まれたんです。山下さん、今朝、子どもさんを病院へ連れて行ったので、会社に来るのが遅くなったんです。

M：わかりました。じゃあ、私、これ、やります。終わったら、山下さんに渡せばいいですね。

F：はい。山下さんは今会議室で準備をしています。では、お願いします。

Q 男の人はこの後何をしますか。

2. ◀029 a.〜c. のどれですか。

①Q 先生に「とてもいい作文だった」と言

われました。家族に何といいますか。

F：a. 今日先生に作文をほめられたよ。

　　b. 今日先生が作文をほめられたよ。

　　c. 今日先生の作文をほめられたよ。

②Q スピーチ大会があります。Aさんがクラスの代表に選ばれました。Aさんに何と言いますか。

M：a. 選んでもらって、うれしいよ。ありがとう。

　　b. 代表に選ばれて、よかったね。

　　c. 代表の仕事、お疲れ様でした。

③Q X社のパーティーに招待されました。X社の人に何と言いますか。

F：a. いらっしゃいませ。今日はぜひ楽しんでくださいね。

　　b. 招待されたので、行ってきます。

　　c. 招待していただいて、ありがとうございます。

Lesson 20 1　　　ぶんぽう

STEP 1

1.

①ゆきがつもっています。

②小さい花がさいています。

③月は出ていません。

2.

①ホテルのまどから海が見えます。なみの音が聞こえます。

②山の上からまちが見えます。あっちから鳥のこえが聞こえます。

③そうこからだれかの声が聞こえます。中は暗くて、何も見えません。

④くもっていなければ、ここから東京タワーがよく見えます。

⑤まわりがうるさくて、よく聞こえないから、あとでかけるね。

3.

① てんぼうだいからふじ山にゆきがつもっているのが見えます。

② 8月に日本に「MJB」のコンサートがあるの（を）、知ってる？

③ 作文を書くのはたいへんですが、友だちの作文を読むのは楽しいです。

STEP 2

1.

① 二人がよろこんでいるのを見て、うれしかった。

② こいびとときれいなやけいが見えるレストランで食事してみたい。

③ 音がよく聞こえないときは手をあげてください。

④ 学校の前にめずらしい花がさいているのを知ってる？

STEP 3 （解答例）

① 小学生がボールであそんでいるのが見えます。

② おかしを食べながら、映画を見るのがすきです。

Lesson 20 2　　　　　ぶんぽう

STEP 1

1.

① 前は料理ができませんでしたが、さいきんできるようになりました。

② 日本へ来る前、漢字が読めませんでしたが、今は読めるようになりました。

③ 去年は日本語が話せませんでしたが、今は話せるようになりました。

④ 前は歌えなかったけど、れんしゅうして、歌えるようになった。

⑤ マニュアルをちゃんと読めば、使えるようになるよ。

2.

---

① くつひもが切れました。

② ドアが閉まりました。

③ めがねがわれました。

④ たいふうで木がたおれました。

⑤ アイスクリームがおちて、シャツがよごれてしまったんです。

⑥ 子ども：たまごがわれちゃった！

　母親：あ、ふくろがやぶれちゃったんだね。

STEP 2

1.

① 　1　　② 　3　　③ 　4

2.

① 今のもくひょうは1キロおよげるようになることです。

② むしが部屋に入るからまどを閉めて。

③ ピアノをひきながら歌えるようになりたいんです。

STEP 3 （解答例）

① 「おやこどん」が作れるようになりました。

② ギターがひけるようになりたいです。

Lesson 20 3　　　　　ぶんぽう

STEP 1

1.-1

① ドアが閉まっています。

② 人がおおぜいならんでいます。

③ くつしたがやぶれています。

1.-2

① わあ、おかしがたくさん入ってる！

② まどが開いてるからだよ。

③ それ、こわれてるから、使えませんよ。

2.

① 先生にかくにんしなくちゃ。

② うちへ帰らなくちゃ。

③ もう少し早くうちを出なくちゃ。

④ でんげんを入れなくちゃ。

STEP 2

1.

① ふんすいのそばにけいさつかんがたって
いるのを見た。

② 道にていきけんがおちていたので交番へ
とどけに行ったんです。

2.

（1） 1 　（2） 4 　（3） 2

STEP 3 （解答例）

① 駅員に「電車の中におちていました」と
言って、とどけます。

Lesson 20 ①　　　　　　　　ちょうかい

1.

① b 　② d

2.

① b 　② a 　③ c

3.

① c 　② d

＊＊＊＊＊＊＊＊＊＊＊＊＊＊＊＊＊＊＊

1. ◀030 a. ～ d. のどれですか。

①Q 二人は何を見ていますか。

F：わあ、きれい！

M：本当だ。

F：ずいぶん積もっていますね。

M：月は出ていませんね。

F：ええ。今日は朝からくもっていましたか
ら。

M：ちょっと出てみましょうか。

F：ええ。

Q 二人は何を見ていますか。

②Q お花見はどうでしたか。

M：週末、ご主人とお花見にいらっしゃった
んでしょう？ 写真、お撮りになりまし
たか。

F：ええ。でも、いい写真が撮れなかった
んです。

M：え、どうしてですか。

F：くもっていたし、あまり咲いていません
でしたから。

M：ああ、土曜日、ちょっと寒かったですよ
ね。でも雨が降らなくて、よかったで
すね。

Q お花見はどうでしたか。

2. ◀030 a. ～ c. のどれですか。

①Q ホワイトボードの字が小さいです。先
生に何と言いますか。

F：a. 先生、見ません。

　　b. 先生、見えません。

　　c. 先生、見せません。

②Q 昨日学校で説明会がありましたが、あ
なたは学校を休みました。今日説明を
聞きたいです。先生に何と言います
か。

M：a. すみません。昨日の説明が聞けなかっ
たんですが。

　　b. すみません。昨日の説明をちゃんと
聞かなかったんですが。

　　c. すみません。昨日の説明が何も聞こ
えなかったんですが。

③Q 駅のホームで友だちからの電話に出ま
した。ここはちょっとうるさいです。
友だちに何と言いますか。

F：a. ごめん。ここ、電話、かけにくいか
ら、後でかけるね。

　　b. ごめん。ここ、聞こえないから、あっ
ちへ行って。

　　c. ごめん。ここ、よく聞こえないから、
後でかけてもいい？

3. ◀031 a. ～ d. のどれですか。

①Q 男の人はこの後何をしますか。

F：ねえ、今度の週末、秋葉原でアニメの

イベントがあるの、知ってる？ めずらしい外国のアニメが見られるんだよ。

M：うん。行きたいんだけど、チケットが買えなかったんだ。

F：え、そうなの？

M：うん。あのイベントは人気があるから、チケットを買うのは大変だよ。

F：私、チケット、あるよ。行けなくなったの。行く？

M：え、本当？ わあ、ありがとう！ ちょっと待って。今すぐお金を払うよ。1枚3,000円だよね。

F：うん。チケット2枚あるけど。

M：わあ。じゃあ、2枚ほしい。友だちも買えなかったんだ。今晩会うから、渡すよ。すごく喜ぶと思う。ありがとう。

Q 男の人はこの後何をしますか。

②Q 学生が先生に見せた写真はどれですか。

F：先生、昨日の夕方、さくら町で事故があったのをご存じですか。

M（先生）：え、事故？ いいえ。どんな事故があったんですか。

F：自動車が前のバスにぶつかったんです。昨日授業の後で、パクさんとさくら公園の展望台で夜景を見てたんですけど、近くで消防車のサイレンが聞こえたので、行ってみたんです。

M（先生）：え？ 見に行ったんですか。

F：はい。自動車から煙が出ているのが見えました。警察官が来て、自動車とバスの運転手とかバスに乗っていた人にいろいろ質問したりしていました。これ、写真です。

M（先生）：ああ、さくら町の大きい倉庫の前ですね。でも、事故を見に行ってはいけませんよ。危ないし、たくさんの

人が見に行ったら警察の人も仕事がしにくくなって困りますからね。

F：はい。わかりました。

Q 学生が先生に見せた写真はどれですか。

Lesson 20 [2]　　　　　　ちょうかい

1.

① b　② d

2.

① a　② b　③ c

****

1. ◀032 a. 〜 d. のどれですか。

①Q **男の人は日本に来てから何ができるようになりましたか。**

F：漢字テスト、何点だった？ 私は70点。あーあ。勉強したんだけどな。…わ、ココさん、また100点。いつもすごいね。

M：漢字、おもしろいから、好きなんだ。

F：国で漢字を勉強したの？

M：ううん。日本に来る前は読めなかった。書くのは今も難しい。

F：そうだよね。書き方を覚えるのは大変だよね。

M：うん。今はもっと勉強して、日本語の本が読めるようになるのが、目標なんだ。

Q 男の人は日本に来てから何ができるようになりましたか。

②Q **女の人は何ができるようになりたいと思っていますか。**

M：上田さん、昨日のコンサート、すごくよかったです。招待していただいて、ありがとうございました。

F：いえいえ、来ていただいて、ありがとうございました。

M：上田さん、楽器なら何でもできるんです

ね。昨日はピアノとギターと、それに
バイオリンも弾いてましたよね。

F：子どものときから習っているんです。で
も、歌はちょっと…。上手に歌えたら、
楽器を弾きながら歌いたいと思って練
習してるんです。でも、上手に歌える
ようにならなくて…。

M：ぼくは楽器が何もできないんですよ。
子どものとき、ちょっとバイオリンを
習ったんですけど、難しくて、弾ける
ようになる前に辞めちゃいました。

F：バイオリンは私も難しかったです。で
も、音が出せるようになったら、楽しく
なりますよ。もう一度やってみたら、ど
うですか。

Q 女の人は何ができるようになりたいと
思っていますか。

2. 🔊 033 a.～c.のどれですか。

① Q 同僚のカップが倒れました。同僚に何
と言いますか。

F：a. 大丈夫ですか、ノートが汚れますよ。
　　b. 大丈夫ですか、カップが割れました
　　　よ。
　　c. 大丈夫ですか、テーブルが壊れま
　　　すよ。

② Q 駅で女の人が財布を落としました。女
の人に何と言いますか。

M：a. その財布、だれのですか。
　　b. 財布が落ちましたよ。
　　c. それ、きれいな財布ですね。

③ Q スーパーでたくさん買い物して歩いて
いるとき、袋からりんごが落ちまし
た。何と言いますか。

F：a. あ、こんな所にりんごが落ちてる。
　　b. 困ったなあ。かばんのひもが切れ
　　　ちゃった。

c. あーあ。袋が破れちゃった。

Lesson 20 ③　　　　　　　　ちょうかい

1.
① c　　② d

2.
① b　　② a　　③ c

＊＊＊＊＊＊＊＊＊＊＊＊＊＊＊＊＊＊＊

1. 🔊 034 a.～d.のどれですか。

① Q 男の人はこの後何をしますか。

F：あ、見て、あそこ！ 噴水のそば！ 大
変！

M：本当だ。人が倒れてる！

F：大丈夫ですか。

M：救急車、呼ばなくちゃ！

Q 男の人はこの後何をしますか。

② Q 男の人は何を持って来ますか。

F：どうしたんですか。会議の資料、重い
でしょう。持ちましょうか。

M：いえ、大丈夫です。会議室、閉まって
るんですよ。会議、2時からですよね。

F：え、入れないんですか。

M：ええ。電気、ついてるんですけど…。

F：本当ですね。だれかいるんでしょうか。
机といすは並べてありますね。

M：会議室の準備をした人が、かぎ、閉め
ちゃったのかなあ。すぐに持って来ま
す。

F：じゃあ、その資料とパソコン、ここに置
いてください。私、見てますから。

Q 男の人は何を持って来ますか。

2. 🔊 035 a.～c.のどれですか。

① F：うわ！ あと2分で映画が始まっちゃ
うよ。間に合うかな。

M：a. なんだ。あと2分か。
　　b. え！ 急がなくちゃ。

c. 見られなくて、残念だったね。

②M：テストが70点以下の人は今度の金曜日までにレポートを出すんだよ。

F：**a.** え！ 私、65点だったから、出さなくちゃ。

b. 私、75点だったから、もう出したよ。

c. 私、70点以下だったよ。よかった！

③M：さっき、学校の前で定期券を拾ったんだ。ほら、これ。

F：**a.** 交番に届けてもらって、よかったね。

b. 大勢学生がいるから、大変だね。

c. え、ちゃんと交番に届けなくちゃ。

Lesson 21 1 　　　　　　　ぶんぽう

STEP 1

1.

①指をけがしたんです。

②手をやけどしたんです。

③しょくよくがないんです。

④のどがいたいんです。せきも出ます。

⑤さむけがするんです。くしゃみも出ます。

⑥頭を打ったんです。はきけもします。

2.

①診察券を作りますので、保険証をおねがいします。

②血圧をはかりますので、検査室へおねがいします。

③じゅんばんにお呼びしますので、こちらでお待ちください。（じゅんばんに呼びますので、こちらでお待ちください。）

STEP 2

1.

① 1　　② 3　　③ 4

2.

①3日ぐらい前からのどが痛くて熱もあるんです。

②体重をはかりますのでこちらにすわってお待ちください。

STEP 3 　（解答例）

「1週間ぐらい前からせきが出るんです。熱はありません」と言います。

Lesson 21 2 　　　　　　　ぶんぽう

STEP 1

1.

①じゃあ、食後の薬はやめてもいいでしょう。

②1週間ぐらいで退院できるでしょう。

③かぜでしょう。

2.

①外出しないで、しばらく家でゆっくり休んでください。

②うちへ帰らないで、すぐに入院してください。

③しばらく重い物は右手で持たないで、左手で持ってください。

3.

①胃の具合がよくなったら、胃カメラ検査を受けなくてもいいですか。（胃の具合がよくなったら、胃カメラ検査をしなくてもいいですか。）

②退院したら、かるい運動をしてもいいですか。

③熱が下がったら、学校へ行ってもいいですか。

STEP 2

1.

① 1　　② 3　　③ 4

2.

①明日は無理をしないでゆっくり休んだほう

がいいでしょう。

②具合がよくなったらリハビリをやめてもいいでしょうか。

STEP 3 （解答例）

「アルバイトしないで、うちで休んだほうがいいよ」と言います。

Lesson 21 ③　　　　ぶんぽう

STEP 1

1.

①1週間に2回ぐらい、運動してください。

②3か月に1回、検査を受けに来てください。

③1年に1回、海外旅行がしたいです。

2.

①かたが痛いとき、しっぷをはってください。

②しょくよくがないとき、診察を受けてください。

③せきが出るとき、マスクをしてください。

3.-1

①しばらく無理をしないようにしてください。

②毎日食べるようにしてください。

3.-2

①明日から毎日できるだけ歩くようにします。

②まちがえないようにします。

STEP 2

1.

①4　②3　③2

2.

①さむくなったので、体に気をつけてかぜをひかないようにします。

②気持ちが悪いときこれを1日に2回飲んでください。

STEP 3 （解答例）

かぜをひきたくないので、毎日ビタミンの錠剤を飲むようにしています。

Lesson 21 ①　　　　ちょうかい

1.

①　a　　②　c　　③　b

2.

①　c　　②　d

＊＊＊＊＊＊＊＊＊＊＊＊＊＊＊＊＊＊

1. ◀036 a.～c.のどれですか。

①M：1週間ぐらい前からのどがいたいんです。

　F：a. 熱はありますか。

　　　b. 吐き気がするんですね。

　　　c. いつからですか。

②M：やけどしたんです。

　F：a. そうですか。くしゃみも出ますか。

　　　b. どうして食欲がないんですか。

　　　c. ずいぶんはれていますね。

③F：子どもが頭を打ったんです。

　M：a. では、体重をはかりますので、あちらでお待ちください。

　　　b. レントゲンを撮りますから、こちらへどうぞ。

　　　c. いつからせきが出ていますか。

2. ◀037 a.～d.のどれですか。

①Q 男の人はこの後まず何をしますか。

M：すみません。呼ばれるまであとどれぐらいかかりますか。ちょっとトイレに行きたいんですけど。

F（受付の人）：順番にお呼びしているんですが…。お名前をお願いします。

M：高田です。

F（受付の人）：高田様ですね。ええと…、あ、次なので、あと5分ぐらいだと思う

27

んですが…。

M：え、次ですか。

F（受付の人）：お戻りになったら、こちらにいらっしゃってください。

M：はい、わかりました。

Q 男の人はこの後まず何をしますか。

②Q 女の人はこの後まず何をしますか。

F：あのう、初めてなんですが、保険証、忘れちゃったんです。どうすればいいですか。

M（受付の人）：保険証がなければ、今日はお金を全部払っていただきます。後で保険証を持って来ていただいたら、お返しします。

F：え、全部？困ったなあ。お金、あまり持って来なかったんです。近くに銀行、ありますか。

M（受付の人）：銀行はちょっと…。ATMなら駅前のコンビニにありますが。

F：駅前か。うーん。じゃあ、一度戻って、また後で来ます。

Q 女の人はこの後まず何をしますか。

Lesson 21 ②	ちょうかい

1.

① c　　② a

2.

① b　　② c

＊＊＊＊＊＊＊＊＊＊＊＊＊＊＊

1. ◀038 a.～d.のどれですか。

①Q 男の人は今晩何をしますか。

M：熱い鍋で手にやけどしてしまったんです。

F（医者）：見せてください。ああ、少しはれていますね。痛いですか。

M：はい。ちょっと痛いです。

F（医者）：では、薬を出しましょう。夜、

おふろのあとでこれを塗ってください。1週間ぐらいで治るでしょう。

M：そうですか。

F（医者）：よくならなければ、また来てください。しばらく重い物は左手で持たないで、右手を使ってくださいね。

M：わかりました。ありがとうございました。

Q 男の人は今晩何をしますか。

②Q 退院した後すぐ、女の人がしてもいいことは何ですか。

M（医者）：有田さん、リハビリよく頑張っていますね。どうですか。

F：とてもいいです。先生、私、そろそろ退院できますか。

M（医者）：そうですね。月末までに退院できるでしょう。

F：わあ、うれしい。先生、ありがとうございます。退院したら、やりたいことがいっぱいあるんです。映画見に行きたいし、旅行とか、買い物とか…。

M（医者）：まあまあ。退院した後、しばらく無理をしてはいけませんよ。1週間ぐらいは外出しないで、ゆっくり休んでくださいね。大学へ行くのも、その後ですよ。

F：1週間ですね。わかりました。

Q 退院した後すぐ、女の人がしてもいいことは何ですか。

2. ◀039 a.～c.のどれですか。

①Q お腹が痛くて病院へ来ました。あさってはバーベキューに行くつもりです。医者に何と言いますか。

M：a. バーベキューで食べすぎに気を付けてください。

　　b. 痛くなくなったら、バーベキューに行っても大丈夫ですか。

c. お腹は痛くないので、肉を食べても
いいですか。

②Q 10時から胃の検査です。検査の後、
すぐ帰りたいです。医者に何と言いま
すか。

F：a. 検査が終わった後で、すぐ帰りませ
んか。

b. 検査が終わったので、すぐ帰りたい
んですが。

c. 検査が終わったら、すぐ帰ってもい
いですか。

Lesson 21 ③   ちょうかい

1.
① a   ② c
2.
① b   ② a   ③ c

＊＊＊＊＊＊＊＊＊＊＊＊＊＊＊＊＊＊

1. ◀040 a. ～ d. のどれですか。

①Q 女の人は昼ご飯の後、どの薬を飲みま
すか。

M（薬局の人）：こちらがお薬です。この白
いのは1日に3回、食事の後で飲んで
ください。朝はこの黄色いのも飲んで
ください。

F：はい。

M（薬局の人）：この赤いのは朝起きてすぐ
と、夜、寝る前に飲んでください。ま
ちがえないようにしてください。

F：はい。気を付けます。

Q 女の人は昼ご飯の後、どの薬を飲みます
か。

②Q 男の人はどの薬を買いますか。

M：すみません。鼻水が止まらないんです
が、どの薬がいいですか。

F（薬局の人）：鼻水ですね。こちらはいか
がですか。1日に2回飲む錠剤です。

M：あ、それ、前に飲んだことがあるんで
すが、体がかゆくなったんです。

F（薬局の人）：そうですか。じゃあ、こち
らのかぜ薬はいかがでしょう。粉薬で
すが、甘くて飲みやすいですよ。

M：粉薬より、カプセルのほうがいいんです
が…。

F（薬局の人）：そうですか。では、こちら
のカプセルがいいと思いますが、少し
眠くなりますので、運転とかお仕事の
前は飲まないでください。

M：うーん、仕事で運転しなくてはいけな
いので、それは飲めないなあ。じゃあ、
そっち、ください。

Q 男の人はどの薬を買いますか。

2. ◀041 a. ～ c. のどれですか。

①F（医者）：しっぷは体が痛いとき、はっ
てください。

M：a. はい、痛いとき、塗るんですね。
b. 痛くなければ、はらなくてもいいで
すか。
c. わかりました。食後30分以内に飲む
ようにします。

②F（薬局の人）：こちらがお薬です。カプ
セルは朝、錠剤は夜、食事のとき、飲
んでください。

M：a. 食前ですか。食後ですか。
b. はい。できるだけ飲むようにしてく
ださい。
c. 1日に何回飲めばいいですか。

③M（医者）：うーん。もう1か月も薬を飲
んでいるのによくなりませんね。毎晩
どれぐらい寝ていますか。

F：a. 1日に1回です。
b. シャワーを浴びてから寝るようにし
ています。

c. 5時間ぐらいです。

Lesson 22 [1]　　　　ぶんぽう

STEP 1

1.-1
①Bさんは今日めんせつに行くので、とても心配そうです。
②あの人は一人でさびしそうです。

1.-2
①Dさんはおばけやしきがこわくなさそうです。
②Eさんは走りたくなさそうだね。（Eさんは走るのがいやそうだね。）

2.
①レストランへ食事に行くところなんですが、いっしょに行きませんか。
②これから作るところです。
③私もちょうど今来たところだよ。

STEP 2

1.
①パーティーで田中さんはあまりおもしろくなさそうなかおをしていました。
②この写真はそつぎょう式でそつぎょう証書をもらっているところです。

2.
（1）3　（2）3　（3）1
（4）1

STEP 3　（解答例）
①あなたが留学することがきまったとき、ご家族はどうでしたか。／母はちょっとさびしそうでした。
②「ごめん。今勉強してるところなんだけど」と言います。

Lesson 22 [2]　　　　ぶんぽう

STEP 1

1.
①あ、あの人、道がわからないようですね。
②でも、あの人、とても有名なようですね。
③ええ、あそこのようですね。

2.
①3日前に300さつとどいたばかりですから、どこかにあると思いますよ。（3日前に300さつとどいたばかりだから、どこかにあると思いますよ。）
②先週しゅうりしたばかりなのに、またこわれちゃったんですか。
③先月買ったばかりなのに？

STEP 2

1.
①あそこで大きいじこがあったようなので、ちがう道を通りましょう。
②あ、それはペンキをぬったばかりだから、さわらないで。
③Bさんは日本語の勉強を始めたばかりなのに話すのが上手ですね。

2.
（1）2　（2）3

STEP 3　（解答例）
毎日日本語で日記を書いたらいいと思うよ。

Lesson 22 [1]　　　　ちょうかい

1.
①　a　②　c

2.
①　a　②　d

3.
①　b　②　c

＊＊＊＊＊＊＊＊＊＊＊＊＊＊＊＊＊＊

1. ◀042 a.～d.のどれですか。

①Q 合格した人はだれですか。

M：先生、アスク大学に合格しました。

F（先生）：そうですか。マイクさん、おめでとうございます。

M：ありがとうございます。

F（先生）：ちょうど今パクさんからも連絡をもらったところです。大学で一緒に勉強できますね。

M：はい。でも、メリーさんが…。

F（先生）：ああ、そうですね。でも、来週、マリアさんとHA大学の入学試験を受けに行くと言っていましたよ。

M：メリーさんならきっと合格すると思います。

F（先生）：そうですね。

Q 合格した人はだれですか。

②Q 女の人が一番好きな写真はどれですか。

F：週末、家族と海に行ったの。写真見て。これは、海に入るところ。

M：わあ、いい天気だったんだね。空も海も青いなあ。

F：これはバーベキューをしているところ。

M：おいしそう。あ、舟にも乗ったんだね。みんな楽しそう。

F：うん。この写真、すごく好きなんだ。舟に10分ぐらい乗って、水がすごくきれいな所に行ったの。

M：あ！ この写真もいいね！

F：そう？ これは弟が泳いでるところ。海の中で撮ったんだよ。

M：わあ、きれいだねえ。どの写真もいいね。

Q 女の人が一番好きな写真はどれですか。

2. ◀043 a.～d. のどれですか。

①Q 男の人はこの後何をしますか。

F（先生）：タンさん、お疲れ様。あさって

のスポーツ大会の準備はどうですか。

M：あ、先生。今、みんなでやっています。ぼくは体操の音楽をチェックするところです。その後で表彰式の準備を手伝います。

F（先生）：そうですか。優勝カップは講師室にありますから、受付で聞いてください。

M：わかりました。優勝カップは明日の午後、取りに行きます。あ、そうだ。先生、なわとびに使うなわも講師室ですか。

F（先生）：なわ？ それはちょっとわかりません。太田先生に聞いてください。今ちょうどミーティングをなさっているので、1時間ぐらい後で聞きに行ってみてください。

M：はい、わかりました。

Q 男の人はこの後何をしますか。

②Q 女の人はこの後何をしますか。

M（課長）：佐藤さん、忙しそうだけど、ちょっといいかな？

F：はい。何でしょうか。

M（課長）：来週のプレゼンの資料、ここがわかりにくいので、直してください。

F：はい、わかりました。すぐやります。

M（課長）：プレゼンにはX社の社長もいらっしゃいますからね。頼みますよ。

F：はい。今、みなさんにお渡しする書類を準備しているところです。今日中にできますので、明日の午前中に見ていただけますでしょうか。

M（課長）：わかりました。

Q 女の人はこの後何をしますか。

3. ◀044 a.～c. のどれですか。

①F：あ、あそこにおばけやしきがあるよ。

入らない？

M：a. うん。今、入ってるところだよ。

b. ぼくはこわいから、いやだなあ。

c. え、入らないの？ 入ろうよ。

②F：卒業式に着る服、もう決めた？

M：a. 何を着ようと思ったの？

b. ちがうよ。私は着物じゃないよ。

c. 今、探してるところ。

Lesson 22 2　　　　　　　　ちょうかい

1.

① b　　② c

2.

① a　　② a　　③ c

＊＊＊＊＊＊＊＊＊＊＊＊＊＊＊＊＊＊＊

1. ◀045 a. ～ d. のどれですか。

①Q 井上さんは今だれと話していますか。

F：リさん、こちらに井上さん、いますか。

M：あ、アティさん。井上さんは課長と相談しています。プリンターの調子が悪いようです。

F：え、修理を頼んだんですか。

M：ええ。さっき井上さんがプリンターの会社に電話していました。でも、修理に来てもらうのに時間がかかるようですね。

F：そうですか。

M：話が終わったら、アティさんに連絡してもらいましょうか。

F：じゃあ、お願いします。

Q 井上さんは今だれと話していますか。

②Q 二人はだれが救急車に乗ったと思っていますか。

F：あ、あそこ、見てください。あのビルの前に救急車が止まりましたよ。事故でしょうか。

M：本当だ。人が集まってますね。警察官は

いないから、事故ではないでしょうね。

F：あ、女の人が二人、救急車に乗りましたよ。だれかなあ。

M：1階の銀行の人のようですね。

F：え？ どうしてですか。

M：青いジャケットとスカートでしたから。

F：ああ、あそこの服、青でしたね。

Q 二人はだれが救急車に乗ったと思っていますか。

2. ◀046 a. ～ c. のどれですか。

①F：遅くなってごめんね。おなかすいたー。え、もう全部食べちゃったの？

M：a. ううん。今、注文したばかりだよ。

b. 大丈夫。今、全部食べたばかりだよ。

c. 大変だったね。そろそろ帰ろう。

②M：あの人、日本語、上手ですね。

F：a. 半年前に日本語の勉強を始めたばかりなのに、すごいですね。

b. ありがとうございます。でも、日本語の勉強、始めたばかりなので、まだまだです。

c. 日本語の勉強を始めたばかりのようですね。

③M：この公園、きれいですね。あやみさん、このいすに座りましょう。

F：a. あーっ、それ、ペンキを塗ったつもりなんですが。

b. あーっ、それ、ペンキを塗ったことがありますよ。

c. あーっ、それ、ペンキを塗ったばかりのようですよ。

Lesson 23 1 　　　　ぶんぽう

STEP 1

1.

①急いでにげろ！／たて物の中にもどるな！

②休むな！／はやく行け！

③まけるな！／がんばれ！

2.

①公園のベンチにすわったら、スカートがペンキでよごれました。

②駅に行ったら、たいふうで電車が止まっていました。（駅に着いたら、たいふうで電車が止まっていました。）

③今朝外に出たら、雪がつもっていました。

3.

①弟に本をよごされたんです。

②（Cさんに）まちがえられちゃったのかな。

③電車の中でふまれたんです。

STEP 2

1.

①友だちとラーメンを食べに行ったら店がなくなっていて、びっくりした。

②ことばをまちがえて友だちにわらわれたことがある。

2.

（1）　1　　（2）　2　　（3）　3

（4）　4

STEP 3 （解答例）

知らない人に日本語で道を聞かれて、困りました。

Lesson 23 2 　　　　ぶんぽう

STEP 1

1.

①テレビがつかないんです。

②水が止まらないんです。

③グラスがわれたんです。

④これ、中がやぶれているんですが。

⑤あ、まどが開いているよ。

2.

①あやまったらゆるしてもらえるかもしれません。

②雪がひどいので、明日学校は休みかもしれません。

③旅行でけがをするかもしれないから、保険に入りました。

④小さい子どもが歩いて行くのは無理かもしれないから、タクシーにのりましょう。

3.

①押しても、つきませんよ。

②右に回しても、開かない。

③どこをさがしても、見つからないんです。

STEP 2

1.

①母にほんとうのことを話したらおこられるかもしれないと思った。

②このラジオ、電池を入れても音が出ないんだけど。

2.

（1）　4　　（2）　1　　（3）　4

STEP 3 （解答例）

日本の会社ではたらいていると思います。

日本人と結婚しているかもしれません。

Lesson 23 3 　　　　ぶんぽう

STEP 1

1.

①今週は晴れるでしょう。（今週は天気がいいでしょう。）

②今年のゴールデンウィークは海外へ行く人が去年より少ないでしょう。（今年のゴールデンウィークは海外へ行く人が去年より少なくなるでしょう。）

③今年の冬はいつもより気温が高いでしょう。（今年の冬はいつもより気温が高くな

るでしょう。）

④南さん、心配でしょうね。

⑤わあ、さむかったでしょう。

2.

①課長がかぜで、打ち合わせは来週にへんこうになりました。（課長がかぜをひいて、打ち合わせは来週にへんこうになりました。）

②あのアイドルはダンスが上手で、人気があります。

③ここはかんきょうがよくて、住みやすいです。

STEP 2

1.

①今週大阪は晴れの日が多いでしょう。

②昨日は電車がじこで止まっていたので歩いて帰りました。

③この本は漢字がたくさんあって読むのがたいへんです。

2.

(1) 1　　(2) 3　　(3) 4

(4) 2

STEP 3　（解答例）

高校生のとき、夜おそくまであそんでいたので、次の日の朝起きられなくて、じゅぎょうにおくれました。

Lesson 23 [1]　　　　ちょうかい

1.

① a　　② c　　③ b

2.

① b　　② d

＊＊＊＊＊＊＊＊＊＊＊＊＊＊＊＊＊

1. ◀ 047　a. ～ c. のどれですか。

①Q 黒いバイクに乗っている男が警察の車から逃げています。警察官は男に何と言いますか。

M（警官）：a. 止まれ！ 逃げるな！

　　　　　b. 行け！ 来るな！

　　　　　c. 待て！ 急ぐな！

②Q ビルの3階から火が出ています。男の人は何と言いますか。

M：a. 入れ！ 笑うな！

　　b. 歩くな！ 止まれ！

　　c. 早く出ろ！ 急げ！

③Q サッカーの練習をしています。コーチは何と言って、学生を叱りますか。

M：a. 座れ！

　　b. 休むな！

　　c. 走るな！

2. ◀ 048　a. ～ d. のどれですか。

①Q 男の人はいつ猫を見ましたか。

M：ごめん。今日は授業の後、すぐに帰らなくちゃいけなくなっちゃった。

F：え、渋谷へ行こうって言ってたのに、どうしたの？

M：ごめんね。あの…、見て、この写真。朝出かけるとき、ドアを開けたら、これがいたんだ。

F：わ！ かわいい。私が子どものとき、飼ってた猫によく似てる。捨てられちゃったのかなあ。

M：この猫、けがしてるんだよ。それにミルクをあげたんだけど、飲まなかったんだ。それで学校に来る前に病院に連れて行って、薬をもらったんだよ。だから、元気になるまでうちで飼おうと思ってるんだ。

F：そっか。心配だよね。わかった。猫ちゃん、お大事にね。

Q 男の人はいつ猫を見ましたか。

②Q 女の人はどうしてこれから警察へ行きますか。

F：課長、すみません。今から警察へ行きた
　いので、今日は早く帰ってもいいでしょ
　うか。

M（課長）：え、警察？　どうしたんですか。

F：あのう、昨日の夜、電車を降りたときに
　かばんを見たら、財布がなかったんで
　す。電車の中でとられたと思って、すぐ
　に警察へ行って、説明したんですけど
　…。

M（課長）：うん。それで？

F：今朝、警察から財布があったと電話があ
　りました。会社の近くで落としたようで
　す。

M（課長）：ああ、そうですか。大切なもの
　だから、早く行ったほうがいいですよ。

Q 女の人はどうしてこれから警察へ行きま
　すか。

Lesson 23 ② 　　　　　ちょうかい

1.

① c 　　② a

2.

① b 　　② c 　　③ a

3.

① d 　　② c

＊＊＊＊＊＊＊＊＊＊＊＊＊＊＊＊＊＊

1. ◀ 049 a.～c.のどれですか。

①F：テレビのリモコンが壊れちゃった。8
　時から見たい番組があるのに。

　M：a. ボタンを押しても、エアコンがつ
　　　かないの？

　　b. 早くリモコンを探さなくちゃ。

　　c. 電池を取り替えてみたら？

②F：オウさん。彼女、怒ってたよ。ちゃん
　と謝ったほうがいいよ。オウさんが
　悪いんだから。

　M：a. はあ…。謝っても、許してもらえ

なかったんだよ。

　　b. ぼくも彼女に謝ったことがあるよ。

　　c. 謝ったら、許してもいいと思う？

2. ◀ 050 a.～c.のどれですか。

①Q 洗面所の電気のスイッチを押しても、
　明るくなりません。ホテルの人に何と
　言いますか。

F：a. 洗面所の電気のスイッチが見つから
　　　ないんです。

　　b. 洗面所の電気がつかないんです。

　　c. 洗面所の電球を取り替えたんです。

②Q デパートの売り場に汚いセーターがあ
　りました。店員に何と言いますか。

F：a. あのう、これ、汚れたんですけど。

　　b. あのう、これ、汚れるんですけど。

　　c. あのう、これ、汚れているんですけ
　　　ど。

③Q 教室に入りたいですが、ドアを開け
　ることができません。先生に何と言い
　ますか。

M：a. 先生、教室のドアが開かないんです
　　　が。

　　b. 先生、教室のドアが閉まるんですが。

　　c. 先生、教室のドアが開いているんで
　　　すが。

3. ◀ 051 a.～d.のどれですか。

①Q 男の子は何を持って行きますか。

M（子）：今日はバス旅行で博物館へ行くん
　だ。じゃ、行ってきます。

F（母）：バス旅行に何も持って行かないの？
　お弁当とか、カメラとか…。

M（子）：食事はレストランだし、写真は携
　帯電話で撮るから、あとは財布があれ
　ば、大丈夫。

F（母）：へえ。でも、雨が降るかもしれな

35

いよ。

M：あ、そうだね。じゃあ、持って行こう。

Q 男の子は何を持って行きますか。

②Q 女の人は保険に入りますか。

F：すみません。このバスのツアーを申し込みたいんですが、5月8日の日曜日、2名、空いてますか。

M（店員）：お調べします。…はい、2名様、ご参加いただけます。ではこちらの申込書をお願いします。それから、旅行の保険はいかがでしょうか。

F：1日のツアーだし、保険には入らなくてもいいと思うんですが。

M（店員）：みなさん、そうおっしゃるんですが、保険に入っていれば、安心ですよ。病気とかけがだけじゃなくて、何かをとられたり壊されたりしたときも保険が使えますから。

F：ああ…。じゃあ、まあ、一緒に行く人と相談してみます。

M（店員）：ありがとうございます。こちらパンフレットです。サービスセンターにお電話かメールでご連絡いただければ、いつでもお入りいただけますので。

F：わかりました。

M（店員）：では、4月20日ごろ、旅行の詳しいご案内をメールでお送りします。ありがとうございました。

Q 女の人は保険に入りますか。

Lesson 23 ③　　　　　ちょうかい

1.
① a　② c

2.
① c　② a　③ b

＊＊＊＊＊＊＊＊＊＊＊＊＊＊＊＊＊＊

1. ◀052 a.～d.のどれですか。

①Q 東京の明日の天気はどうだと言っていますか。

M（アナウンサー）：次は東京のお天気です。今日はよく晴れましたが、明日から始まるゴールデンウィークはどうでしょうか。小川さん、お願いします。

F（気象予報士）：はい。ゴールデンウィークはくもりの日が多いですが、雨が降るところは少ないでしょう。では、明日からのお天気です。明日は昼までいい天気でしょう。午後はくもるところもありますが、雨は降らないでしょう。あさってはくもりですが、出かけるとき、傘を持って行ったほうがいいでしょう。

Q 東京の明日の天気はどうだと言っていますか。

②Q 土曜日に何がありましたか。

F：土曜日、どうでしたか。

M：とてもよかったですよ。ゆりさんは行けなくて、残念でしたね。

F：ええ。来月あかりさんに会って、お祝いを渡す約束をしてるんですけどね。行きたかったです。あかりさん、きれいだったでしょうね。

M：あかりさんは赤い着物を着ていました。写真がありますよ。これです。

F：わあ、きれい。ご主人もやさしそうな方ですね。

M：そうですね。これはあかりさんのお友だちがスピーチしているところです。ご両親も泣いていらっしゃいました。

F：とてもいいパーティーだったようで、よかったですね。あかりさん、幸せでしょうね。

Q 土曜日に何がありましたか。

2. ◀053 a.～c.のどれですか。

①M：どうして遅刻したんですか。

　F：a. 遅れてしまって、大変でした。

　　　b. すみませんが、30分ぐらい遅れる
　　　　 と思います。

　　　c. ひどい雨で、電車が遅れたんで
　　　　 す。

②F：わあ、あのラーメン屋の前、人がた
　　　 くさん並んでるね。

　M：a. あのラーメン屋、すごくおいしく
　　　　 て、有名なんだよ。

　　　b. 人がたくさん並んでるのはラーメ
　　　　 ン屋の前だよ。

　　　c. あそこにはラーメン屋があるんだ
　　　　 よ。

③M：山田さんに今日の打ち合わせは3時か
　　　 らだと伝えてください。

　F：a. 山田さんは明日の午後 出張の予
　　　　 定ですよ。

　　　b. 山田さんはかぜで、休んでいます
　　　　 が。

　　　c. いえ。3時に決めました。

Lesson 24 1　　　　　　　ぶんぽう

STEP 1

1.

①部長は明日の午後、おきゃくさまに会わ
　 れます。

②部長は来週ミャンマーへ出張されます。

③これは課長がにわでそだてられた花です。

④課長は昨日の会議に出られませんでした。

2.

①けがをした友だちに会いに行ったが、
　 思ったより元気そうで、安心した。

②あまりきれいじゃなさそうだよ。

③よさそうな店だね。

3.

①社長がおみやげをくださいました。

②兄がプレゼントをくれました。

③課長がくださったんですよ。

④むすめが父の日にくれたんです。

STEP 2

1.-1

①高田さんが水川さんに花をもらいました。
　／水川さんが高田さんに花をあげました。

②父にパソコンをもらいました。／父がパ
　 ソコンをくれました。

③課長に本をいただきました。／課長が本
　 をくださいました。

④友だちにプレゼントをあげました。

1.-2

①　a　②　b

2.

①この店は、ネットで見たときはよさそう
　 だったが行ってみたらあまりよくなかっ
　 た。

②これは部長が中国から持って来られた資
　 料です。

STEP 3　（解答例）

①「どちらへ行かれたんですか」と聞きます。

②あまりむずかしくなさそうだと思っていま
　 した。

Lesson 24 2　　　　　　　ぶんぽう

STEP 1

1.

①社長の奥さまが30年前の会社の写真を
　 見せてくださいました。

②昨日支店長が私のプレゼンをほめてくだ
　 さいました。

③昨日の夜、課長がおいしい和食をごちそ
　 うしてくださいました。

④日本へ来るとき、家族がくうこうまで車で
　 送ってくれました。

⑤いつもチンさんが漢字の読み方を教えて

くれます。

⑥つまは毎年、私のたんじょう日にケーキを作ってくれます。

2.

①昼休みにパンフレットをもらって来ます。

②赤いペンがなくなったので、ちょっと買って来ます。

③タンさんに聞いて来るね。

STEP 2

1.

①さいふを取って来るので待っていただけませんか。

②大下さんのお兄さんがむかえに来てくれて、車で送ってもらったんだよ。

2.

（1）4　（2）2　（3）3

STEP 3　（解答例）

日本語が上手な友だちがいっしょに病院へ行ってくれました。

Lesson 24 ③	ぶんぽう

STEP 1

1.

①結婚式で課長にスピーチをしていただきました。

②重いにもつを持っていただいて、ありがとうございました。

③ここ、課長に教えていただいたんだよ。

2.

①早く終わっても、帰ってはいけません。

②日本で有名でも、私の国ではだれも知らないと思います。

③サービスがよくても、料理はちょっと…。

3.

①来週ゼミの友だちに会ったとき、旅行のおみやげをわたそうと思っています。

②今度 HA デパートへ行ったとき、買って

来ましょうか。

③今度作ったとき、持って来るね。

STEP 2

1.

①部長にとっていただいたそうべつ会の写真を家族に見せた。

②この料理はとてもおいしかったので、今度来たときも同じものをたのもう。

③去年参加された方は今日でもだいじょうぶですよ。

2.

（1）4　（2）1　（3）3

STEP 3　（解答例）

①初めてアルバイトに行ったとき、小田さんに仕事のやり方を教えていただきました。

②100万円当たっても、ぜんぶちょきんしません。100万円当たったら、私はペルーへ旅行します。

Lesson 24 ①	ちょうかい

1.

① c　② b　③ a

2.

① c　② b

3.

① a　② b

＊＊＊＊＊＊＊＊＊＊＊＊＊＊＊＊＊＊

1. ◀054 a.～c. のどれですか。

①Q 部長にフランスのお菓子をもらいました。部長に何と言いますか。

F：a. 部長にお菓子をいただきましたよ。

　　b. これ、いつ作られたんですか。

　　c. フランスへ行かれたんですか。

②Q 今朝、課長の机の上に、富士山の写真があるのを見つけました。課長に何と言いますか。

M：a. いつ富士山にいらっしゃるんですか。

b. この写真、課長が撮られたんですか。

c. ここに写真を置いてもいいですよ。

③Q 駅前で高校生のときに教えてもらった先生に会いました。何と言いますか。

F：a. お久しぶりです。先生、今もあの学校にいらっしゃるんですか。

b. お元気ですか。どちらの学校で勉強されているんですか。

c. ありがとうございました。おかげさまで早く仕事が終わりました。

2. ◀055 a.～d. のどれですか。

①Q 男の人はこのあと何をしますか。

F1（アナウンサー）：今日ご紹介するのは、こちらのなべ。使い方はとても簡単。小さく切った肉と野菜と水を入れて、スイッチを入れたら、20分でおいしいスープができます。20,000円の商品ですが、今日は特別に5,999円です。100個ご用意しました。30分以内にお電話でお申し込みください。

M：わあ、おいしそうなスープだね。食べたいな。

F2：あのなべ、便利そうだね。買ってくれたら、私があのスープ、作るよ。

M：あのなべがあれば、ぼくも作れる。

F2：ああ、それはいいね。じゃあ、お願い。

M：しかたないなあ。

Q 男の人はこのあと何をしますか。

②Q 女の人が予約する飛行機はどれですか。

M（課長）：サラさん、来週の水曜日から3日間、大阪へ出張するので、飛行機の予約をお願いします。10時までに大阪支社に着きたいんです。

F：東京から大阪まで飛行機で1時間ぐら

い、空港から会社まで30分ぐらいですから、8時ごろの出発ですね。…課長、ちょうどいい時間のがありません。今予約できる飛行機は朝6時半に東京を出て、7時40分に到着です。

M（課長）：朝早いのはちょっと…。用意が間に合わないからなあ。じゃあ、前の晩に行きますよ。そのほうが夜も朝もゆっくりできるし。8時ごろ出発するの、ありますか。

F：はい、あります。では、金曜日は何時ごろの飛行機で戻られますか。

M（課長）：帰るときも行くときと同じぐらいの時間のをお願いします。

F：わかりました。

Q 女の人が予約する飛行機はどれですか。

3. ◀056 a.～c. のどれですか。

①M：その本、どうしたんですか。

F：a. 井上さんが私の娘にくださったんです。

b. 貸していただいて、ありがとうございました。

c. 読んでみたら、思ったより難しかったです。

②M：今日着てるセーター、かわいいね。よく似合ってるよ。

F：a. ありがとう。母がもらうの。

b. ありがとう。母がくれたの。

c. ありがとう。母があげたの。

Lesson 24 2 　　　　　　ちょうかい

1.

① d　　② b

2.

① a　　② c

＊＊＊＊＊＊＊＊＊＊＊＊＊＊＊＊

1. ◀ 057 a.～d.のどれですか。

① Q 女の人はどうしてきれいなネックレスを持っていますか。

M：そのネックレス、きれいですね。

F：これ、支店長の奥さまにいただいたんですよ。

M：え？ 支店長の奥さまに？

F：私、支店長の娘さんに３か月間英語を教えていたんですけど、その娘さんがイギリスの大学に合格されたんです。

M：ああ、そうですか。そのお礼ですね。

F：ええ。娘さんがイギリスへいらっしゃるとき、奥さまも一緒に行かれて、これを買って来てくださったんです。

M：へえ、そうですか。

Q 女の人はどうしてきれいなネックレスを持っていますか。

② Q 男の人は先生に何をほめられましたか。

F：タンさん、今日、先生と何を話してたの？

M：最近ぼくの日本語が聞きやすくなったって、ほめてくださったんだ。

F：わあ、よかったね。今日の発表もすごくわかりやすかった。

M：発表がうまくいったのは、みんなが教えてくれたからだよ。ありがとう。

F：ちがうよ。タンさんが毎日練習したからだよ。

M：次は文法の勉強を頑張れって言われちゃった。

F：ああ、そうだね。それと漢字の勉強もしなくちゃね。

Q 男の人は先生に何をほめられましたか。

2. ◀ 058 a.～d.のどれですか。

① Q 男の人は何を買いますか。

M：課長、すみません。ちょっとコンビニへペンを買いに行って来てもいいでしょうか。

F（課長）：ペンならこれ、どうぞ。

M：ありがとうございます。でも、消せるボールペンがほしいんです。

F（課長）：そう。あ、コンビニに行くなら、電池を２つ買って来てもらえない？

M：電池ですか？ ここにありますよ。これでよかったらどうぞ。

F（課長）：え、いいの？ ありがとう。

M：じゃあ、行って来ます。

Q 男の人は何を買いますか。

② Q 女の人はお兄さんに頼まれて、どこへ行きますか。

F（妹）：お兄ちゃん。お母さんに、今日晩ご飯はいらないって、言ってくれる？ 友だちがごちそうしてくれるって言うから、行って来る。

M（兄）：わかった。あのさ、出かけるなら、頼みたいことがあるんだけど。

F（妹）：何？

M（兄）：駅前の旅行会社で温泉旅行のパンフレット、３冊ぐらいもらって来て。

F（妹）：え？ 温泉？ だれと行くの？

M（兄）：だれでもいいだろ。それと、郵便局にネットで買った荷物が届いてるんだよ。小さい荷物だから、取って来てよ。

F（妹）：えー、郵便局？ 友だちのうちはそっちじゃないの。スーパーの近くなの。

M（兄）：じゃあ、いいよ。

F（妹）：じゃあ、行ってきます。お母さんにちゃんと伝えてね。

Q 女の人はお兄さんに頼まれて、どこへ行きますか。

1.

① b　　② a

2.

① c　　② d

3.

① b　　② a　　③ c

＊＊＊＊＊＊＊＊＊＊＊＊＊＊＊＊＊

1. ◀️059 a. ～ c. のどれですか。

①Q 財布を落として交番で説明していた
　　ら、女の人があなたの財布を持って来
　　ました。女の人に何と言いますか。

M：a. きれいな財布ですね。どこで買った
　　んですか。

　　b. 財布を届けていただいて、ありがと
　　うございました。

　　c. お世話になりました。財布が見つか
　　りました。

②Q 月曜日にクラスの送別会があるので、
　　アルバイトを前田さんに頼みました。
　　店長に何と言いますか。

F：a. 月曜日のアルバイトを前田さんに代
　　わっていただきました。

　　b. 月曜日のアルバイトは前田さんにお
　　願いされました。

　　c. 月曜日の送別会にいらっしゃいませ
　　んか。

2. ◀️060 a. ～ d. のどれですか。

①Q 女の人はどうして怒りましたか。

M（夫）：ただいま。

F（妻）：あ、おかえりなさい。結婚記念日
　　の食事のことなんだけど、レストラン、
　　予約したよ。

M（夫）：あ…。来週の土曜日か…。

F（妻）：うん。前に大切な日の食事は高く
　　てもいいって言ってくれたでしょ。だか

ら、ちょっといい店にしたよ。すごく人
気がある店だし、予約できないかもしれ
ないと思ったけど、6時に予約できた。

M（夫）：そうか…。あのさ…。ごめん。そ
　　の日、ゴルフだ。HA 貿易の社長に誘
　　われちゃって。

F（妻）：え、何？ 結婚記念日を忘れてたの？

M（夫）：本当にごめん。怒らないでよ。社
　　長に誘われたんだから、しかたないだろ。

F（妻）：社長は悪くないでしょ。

M（夫）：ゴルフに行っても、夜食事はで
　　きるから。ぼくが店に電話して、時間
　　を変更してもらうよ。

F（妻）：もう！

Q 女の人はどうして怒りましたか。

②Q 男の人はどうして宝くじを買いました
　　か。

F：また、宝くじ、買ったんですか。好きで
　　すねえ。

M：ええ。買っても、買っても、当たらない
　　んですけどね。

F：当たったら、どうするんですか。何か買
　　いたいものがあるんですか。家とか、
　　車とか。

M：いいえ。貯金するんですよ。

F：へえ。全部貯金するんですか。

M：ええ。私、そばが好きなんです。自分
　　の店を作りたいと思ってるんですよ。

F：へえ、そうなんですか。いいですね。
　　そのときは、私も食べに行きますね。

Q 男の人はどうして宝くじを買いました
　か。

3. ◀️061 a. ～ c. のどれですか。

①M：あ、このノート、となりのクラスの川
　　田さんのだ。

　F：a. うん。私、ときどきかわいいノー

トを買うの。

b. そうだね。今度ゼミで会ったとき、渡すよ。

c. え、となりのクラスの先生は高田先生だよ。

②M：ねえ、この雑誌、見て。これ、台湾のスイーツだよね。

F：a. 旅行したとき、食べたけど、おいしかったよ。

b. へえ、これ、どんなときに着るの？

c. 食べても、よくわからないなあ。

③F（先生）：9月のJLPTの申し込み、今週の金曜日がしめきりですよ。

M：a. 今度、試験のとき、申し込みます。
b. 来週、申し込みます。
c. 今日帰ったら、申し込みます。

Lesson 25 ①　　　　ぶんぽう

STEP 1

1.-1

①明日おきゃくさまがいらっしゃるので、部屋に花をかざっておきます。

②校長先生のめんせつがあるので、話す練習をしておかなくてはいけません。

③じゃあ、行きたい大学を調べておいたほうがいいですよ。

1.-2

①忘れたら困るから、かばんに入れとく。
（忘れたら困るから、かばんに入れとこう。）

②ほうほうをきめとかなくちゃね。

③じゃあ、アラームをセットしといたほうがいいね。

2.

①課長は木曜日まで出張なので金曜日のはずです。

②X社の新商品発表会に行ったはずですが…。

③リさんは今あまりいそがしくないので、だいじょうぶなはずです。

④今朝開けたばかりだから、新しいはずなんだけど…。

STEP 2

1.

①今夜友だちが来るので飲み物をひやしておくつもりです。

②さっき電話で起こしたからそろそろ着くはずなんだけど。

2.

（1）　1　　（2）　4

STEP 3　（解答例）

①その日に着る服をえらんでおきます。

②友だちのアイさんはドラマがすきですから、今人気があるドラマを見ているはずです。

Lesson 25 ②　　　　ぶんぽう

STEP 1

1.

①A：もう会議の資料をいんさつしましたか。

B：いいえ、まだいんさつしていません。

②A：もう試験のお金をふりこみましたか。

B：いいえ、まだふりこんでいません。

③A：ねえ、もう国からの荷物を受け取りに行った？

B：ううん、まだ受け取りに行って（い）ない。

2.

①お子さまが小学生以下の場合は、大人料金の半額です。

②予約がない場合は、30分ぐらいお待ちいただきますが…。

3.-1

①じゅうでんしなきゃ。

②えっ、食べる前にちゃんとかくにんしなきゃ。

3.-2

①両親が来るので、空港へむかえに行かなければなりません。

②その試験はいつまでに申し込まなければなりませんか。

STEP 2

1.

① 3　② 4　③ 1

2.

①チケットをネットで予約する場合はクレジットカードの番号がひつようです。

②A社から電話がかかって来るのを待たなければならないので、出かけられない。

③大川さんは課長が会社をおやめになることをもう知っていますか。

STEP 3　（解答例）

①いいえ、まだはらっていません。

②ひこうきとホテルを予約しておかなければなりません。

Lesson 25 ③　　　ぶんぽう

STEP 1

1.

①昼ご飯はコンビニでおにぎりを買って来て、いつも会社で食べています。

②明日はテストをするので、教科書を読んで来てください。（明日はテストをするので、教科書を見て来てください。）

③図書館によって、Bさんが読みたいと言ってた本を借りて来たよ。

2.

①昨日、雪が降っていたので、山へ厚いズボンをはいて行きました。

②明日友だちと待ち合わせして、先生のおみまいに花屋で花を買って行きます。

③寒い日に出かけるときはカイロを持って行ったらいいと教えてもらったの。

3.

①はい、かけてあります。

②はい、ならべてあります。

③もうつけてあります。

STEP 2

1.

①プロジェクターのでんげんは使わないとき切ってあります。

②コンビニによって何か買って来てくれない？

③会議の資料は入り口に置いてありますので、どうぞ1部お取りください。

2.

（1） 4　（2） 2　（3） 3

STEP 3　（解答例）

山へもみじを見に行きます。／寒いかもしれないので、マフラーを持って行きます。

Lesson 25 ①　　　ちょうかい

1.

① b　② d

2.

① a　② c　③ b

****

1. ◀062 a.〜d. のどれですか。

①Q 女の人は何を調べますか。

M：もしもし。マリーさん、こんばんは。具合はどう？

F：心配してくれて、ありがとう。月曜日は学校に行けるよ。

M：よかった。あのね、来週クラスで「日本の町」を調べて、発表するんだ。ぼくたちのグループは、マリーさんとキム

さんとラマさんとぼくで、町は沖縄に決めたよ。

F：ああ、そう。沖縄、いいね。行ってみたいと思ってた。

M：調べるのは、沖縄の有名な所と、食べ物と、音楽。それから、沖縄には特別な言葉があるから、それも調べてみたらって先生に言われた。

F：じゃあ、調べることは4つあるんだね。じゃあ、私、有名な所を調べてもいい？

M：いや。それはキムさんとラマさん。ぼくは音楽を調べたいから、マリーさんには食べ物をお願いしてもいい？

F：うん、いいよ。調べとくね。

M：沖縄の言葉は月曜日にみんなで相談する予定なんだ。

F：そう。わかった。連絡してくれて、ありがとう。

Q 女の人は何を調べますか。

②Q 女の人は何をしますか。

F：そろそろ桜が咲きますね。来週の金曜日にお花見しませんか。

M：そうですね。みんなに連絡しておきますよ。どこへ行きますか。去年と同じ所でいいでしょうか。

F：ああ、あそこ、きれいでしたね。私ももう1回行きたいと思ってたんです。じゃあ、今年もだれかにちょっと早く行って、場所を取っておいてもらいましょう。食べ物は私が担当します。去年はデパートでお弁当を予約しておいて、仕事の後で取りに行ったんですけど。

M：今年もそれでいいと思います。でも、去年のはちょっと辛かったですよね。

F：ああ、そうでしたね。じゃあ、ちがう店のにしましょう。調べて、またみなさんに相談しますね。飲み物は行くときに、

コンビニで買えばいいですよね。

M：そうですね。

Q 女の人は何をしますか。

2. ◀ 063 a.～ c. のどれですか。

①F：今日のクラスの発表会に校長先生はいらっしゃらないんでしょうか。

M：a. さっき確認したので、もうすぐいらっしゃるはずです。

b. 校長先生は毎朝歩いて学校へいらっしゃるんですよ。

c. 発表会は今日のはずですよ。

②M：サラさんはこの資料の翻訳ができるでしょうか。

F：a. 翻訳してあれば、読めるはずです。

b. これはサラさんが翻訳したはずです。

c. 今はあまり忙しくないので、できるはずです。

③M：明日7時の新幹線だから、5時に起きなくちゃいけないんだ。

F：a. 7時に家を出るなら、駅まで車で送ろうか？

b. 早いね。アラームをセットしておいたら、どう？

c. わあ、大変だね。何時に起きるの？

Lesson 25 ②　　　　　　　　ちょうかい

1.

① a　　② c

2.

① d　　② b

3.

① b　　② a　　③ b

＊＊＊＊＊＊＊＊＊＊＊＊＊＊＊＊＊＊＊

1. ◀ 064 a.～ d. のどれですか。

①Q　女の人はこの後何をしますか。

F：ねえ、見て、これ。バリ5日間の旅行、飛行機とホテルで、料金は一人35,000円だよ。

M：え、安いね。あ、ホテルは全室、オーシャンビューなんだ。いいねえ。

F：しかも、月末までに申し込んだ場合、特別にホテルのレストランが半額になるの。

M：へえ、半額？　早く申し込まなきゃ。

F：うん。さっき予約はした。でも、お金はまだ払ってない。

M：すぐに振り込んでよ。旅行会社に行かなくても、カードで大丈夫でしょ。

F：わかった。

Q　女の人はこの後何をしますか。

②Q　女の人はこの後まず何をしますか。

F：課長、次の会議のことなんですけど、火曜日の午後はいかがでしょうか。

M（課長）：私はいいですけど、もう部長のご予定をうかがったんですか。

F：あ、そうでした。まだお聞きしてません。

M（課長）：じゃあ、それを先にお願いします。

F：すみません。

M（課長）：できれば、今日の夕方までに、会議に出席する人たちに連絡してもらえますか。

F：はい、わかりました。メールをお送りします。

M（課長）：会議の場所も決めてから、連絡してくださいね。

F：はい、わかりました。

Q　女の人はこの後まず何をしますか。

2.　🔊065　a.～d.のどれですか。

①Q　女の人は明日の朝雨の場合、どうしますか。

M（コーチ）：明日はみどり大学との試合です。みどり大学のテニスコートまでここからバスで行くので、朝、8時半に学校に集まってください。いつもより早い時間ですが、遅刻しないでください。

F：コーチ。台風が来ているようですが、雨でも行くんですか。

M（コーチ）：警報が出た場合は行きません。警報が出ていなくても、雨が強い場合は、試合は中止です。雨でも、ひどくなければ、行きます。

F：中止の場合は、連絡していただけますか。

M（コーチ）：はい、もちろん連絡します。朝、雨が降っていたら、みどり大学のコーチと相談してから、みなさんにメールで連絡します。

F：あのう、8時半に学校へ来るなら、家を7時に出なければならないんですが。

M（コーチ）：わかりました。雨の場合は、7時までに連絡するようにします。連絡が来るまで、待っていてください。

Q　女の人は明日の朝雨の場合、どうしますか。

②Q　女の人はいくら払いますか。

F：すみません。この映画、大人1枚と、学生2枚、お願いします。

M：大人は1枚1,800円です。学生の方は身分証明書をお願いします。

F：身分証明書？　学校の学生証が必要なんですか。

M：はい。大学生の場合は1,500円、小学生から高校生の場合は1,300円です。

F：そうですか。はると、ゆい、学校のカード、出して。あ、すみません。こちらです。

M：高校生と中学生ですね。はい、こちらお
　返しします。じゃあ、全部で…

Q 女の人はいくら払いますか。

3. ◀066 a.〜c.のどれですか。

①F：明日の朝、何時の飛行機？

　M：a. 賞味期限は明日までだよ。

　　　b. 忘れちゃった。確認しなきゃ。

　　　c. 大変だよ。5時半に起きなきゃ。

②M：郵便局からお知らせが来てるよ。荷
　　物が届いてるって。これ、見て。

　F：a. あ、受け取りに行かなきゃ。

　　　b. あ、お知らせを取りに行かなきゃ。

　　　c. あ、荷物を送らなきゃ。

③M（部長）：明日の会議の時間を3時から
　　　　に変更します。

　F：a. そうですか。何時になりますか。

　　　b. わかりました。すぐにみなさんに
　　　　連絡しておきます。

　　　c. すみません。まだ変更していませ
　　　　ん。

Lesson 25 3　　　　　　　　　ちょうかい

1.

① b　　② c　　③ a

2.

① b　　② a

＊＊＊＊＊＊＊＊＊＊＊＊＊＊＊＊＊＊＊

1. ◀067 a.〜c.のどれですか。

①Q これから友だちのうちへ行きます。電
　　話で何と言いますか。

M：a. サンドイッチとかおにぎりとか買っ
　　　て来ようか？

　　b. お昼ご飯、何か買って行こうか？

　　c. 飲み物、買って行ったの？

②Q 今日はとても寒いです。今から出かけ
　　る友だちに何と言いますか。

F：a. カイロを持って来るの？

　　b. カイロを持ってくれる？

　　c. カイロを持って行ったら？

③Q スピーチ大会の会場の入り口で、参加
　　する学生に案内します。何と言います
　　か。

F：a. プログラムを一人1部取って行って
　　　ください。

　　b. プログラムを一人1部取りませんか。

　　c. プログラムを一人1部取ってありま
　　　すよ。

2. ◀068 a.〜d.のどれですか。

①Q 男の人はこの後まず何をしますか。

F：会議、お疲れ様でした。今日はいつもよ
　　り時間がかかりましたね。

M：そうですね。早く会議室を片付けて、
　　戻りましょう。

F：はい。あのう、プロジェクターの電源は
　　切ってあるので、ロッカーに入れてお
　　いてもらえますか。

M：わかりました。

F：ロッカーはかぎをかけておいてくださ
　　い。

M：入り口にかけてあるのが、ロッカーのか
　　ぎですね。

F：そうです。私はいすを並べて、まどを閉
　　めて行きます。

Q 男の人はこの後まず何をしますか。

②Q 女の人はこの後まず何をしますか。

F：かなさん、入院して1週間だね。けが
　　の具合、どうかなあ。

M：今日授業の後で、かなさんのお見舞い
　　に行こうと思うんだけど、一緒に行か
　　ない？

F：うん、行く。でも、行くなら、かなさん
　　に電話してから行ったほうがいいと思う

46

けど。

M：もう連絡してあるよ。4時半に学校の入り口で待ち合わせして、一緒に行こう。

F：うん、わかった。私たち二人？田中さんも心配してたよ。田中さんも誘わない？

M：そうだね。じゃあ、田中さんに電話してみてくれない？

F：わかった。すぐ連絡する。あと、何か持って行くでしょ？何がいい？

M：もう買ってあるよ。かなさん、何でも食べられるって聞いたから、クッキーとチョコレート。

F：へえ、ちゃんと準備してあるんだ。ありがとう。じゃあ、4時半に学校の入り口でね。

Q 女の人はこの後まず何をしますか。

Lesson 26 1　　　ぶんぽう

STEP 1

1.

①15人だそうです。

②天気予報によると、明日は晴れるそうですよ。（天気予報によると、明日は晴れだそうですよ。）（天気予報によると、明日はいい天気だそうですよ。）

③Cさんの話によると、支社のビルは駅から近いそうです。（Cさんの話によると、支社のビルは駅に近いそうです。）

④Cさんに聞いたんですが、この会社、タイでは有名だそうですよ。

2.

①Cさんが来月結婚すると言っていました。

②（Cさんに聞いたんですが、）Cさんのお兄さんは画家だそうですよ。

③Cさんが、最近仕事がいそがしいと言っていました。

3.

①Aさんに研修に参加するように伝えてください。

②Aさんにゆっくり休むように言ってください。

③Aさんにちこくしないように言ってください。

STEP 2

1.

（1）2　　（2）1

2.

①Aさんが、駅で花田さんを見たと言っていました。

②課長の話によるとロビーのまどガラスがわれていたそうです。

STEP 3　（解答例）

あいさんの話によると、駅前の100円ショップが先週の日曜日に閉店したそうです。

Lesson 26 2　　　ぶんぽう

STEP 1

1.

①みどり公園のさくら、きれいだって。

②Cさんから電話があって、今日はかぜをひいて、行けないって。

③Cさんが一番すきなおかしはさくらもちだって！（Cさんが一番すきなおかしはさくらもちなんだって！）

2.

①でも、せんもん学校を受験することにしました。（でも、せんもん学校を受けることにしました。）

②じゃあ、毎朝家の近くの公園で走ることにするよ。（じゃあ、毎朝家の近くの公園でジョギングすることにするよ。）

③じつはひっこすことにしたんですよ。(じ
つはひっこし(を)することにしたんです
よ。)

STEP 2
1.
① 3　② 4　③ 1

2.
①試験を受けるので、明日から6時に起き
て勉強することにした。

②タンさんは映画を見るならラブストーリー
がいいって。

③ももかさんが公園でけがをしている子犬
をひろったんだって。

STEP 3　（解答例）
平日は12時までにねることにしました。

Lesson 26 [3]　　　　ぶんぽう

STEP 1
1.
①支店に転勤した田中さん、年末会社をや
めるらしいですよ。

②トムさんはなっとう、食べたことがないら
しいよ。

③駅前の新しい病院、いいらしいよ。

④営業部のCさんは歌が上手らしいです
よ。

⑤木下さんの奥さんはスペイン人らしいよ。

2.
①そんなマンション、ぜったいにどこにもな
いと思うよ。(そんなところ、ぜったいに
どこにもないと思うよ。)

②そんな(女の)人、見ませんでしたけど…。

③そんなこと、だれに聞いたの?(そんな
話、だれに聞いたの?)

3.
①みんなで私たちの町のかんきょうをよくし
ましょう。

② 出発を30分早くしたほうがいいですね。

③勉強中だから、しずかにして。

④ぼくがりなさんをしあわせにします。

STEP 2
1.
①ときどき駅のまわりに変な人がいるらしい
ので気をつけてください。

②子どものとき、両親に部屋をきれいにす
るようにとよく言われた。

2.
(1) 3　　(2) 4

STEP 3　（解答例）
モデルのKKのこいびとは歌手のTinaらし
いです。

Lesson 26 [1]　　　　ちょうかい
1.
① d　② c　③ c

2.
① c　② a

＊＊＊＊＊＊＊＊＊＊＊＊＊＊＊＊＊

1. 🔊069 a.～d. のどれですか。

①Q 女の人はこの後何をしますか。

F：じゃあ、大使館へ書類を届けに行って
来ます。3時ごろ戻ります。

M：はい、いってらっしゃい。

F：あれ? 空がずいぶん暗いですね。

M：雨が降るかもしれませんね。これから外
出するなら、かさを持って行ったほう
がよさそうですよ。

F：天気予報によると、雨は夜遅い時間から
だそうですけど…。

M：そうなんですか。じゃあ、大丈夫かな。

F：ええ。でも心配ですから…。

Q 女の人はこの後何をしますか。

②Q タンさんは月曜日に何をしますか。

M（先生）：はい、どうぞ。

F：失礼します。先生。これ、今日の出席者
　の作文です。よろしくお願いします。

M（先生）：ああ、キムさん、持って来てく
　　れて、ありがとう。

F：いえ。先生、あのう、タンさんはまだ終
　わっていないので、月曜日に出すそうで
　す。今日はアルバイトなので、急いで
　帰らなければならないと言っていまし
　た。

M（先生）：そうですか。わかりました。す
　みませんが、月曜日の朝、授業の前に
　受付に持って来るように伝えてもらえま
　すか。

F：わかりました。週末みんなで食事する
　予定なので、そのときに言います。

Q タンさんは月曜日に何をしますか。

③Q 井上さんはこの後何をしますか。

M（課長）：イベントまであと1時間ですよ。
　準備ができた人は受付を手伝いに行っ
　てください。

F：課長、大変です。パソコンが壊れてし
　まったようなんです。

M（課長）：えっ、パソコンは2台準備し
　たでしょう？

F：それが…もう1台のパソコンは井上さん
　が持って来る予定なんですが、事故で
　電車が止まっているそうなんです。そ
　れでさっき電話をくれたんですが、もう
　少し待ってもダメだったら、バスで来る
　と言っていました。

M（課長）：いや。時間がないから、すぐに
　タクシーで来るように伝えてください。

F：わかりました。でも、タクシー乗り場も
　大勢並んでいるかもしれませんね。

M（課長）：そうですね。会社にいる中村さ
　んにもタクシーでパソコンを持ってきて
　もらうように連絡してください。会社の

近くならすぐタクシーに乗れるでしょう
から。

Q 井上さんはこの後何をしますか。

2. ◀070 a.〜 c.のどれですか。

①F（先生）：タンさんは今日は欠席ですか。
　M：a. 明日は欠席するようです。
　　　b. はい。遅刻したと言っていました。
　　　c. いいえ。今、学校へ来る途中で
　　　　す。

②F（課長）：この窓ガラス、少し割れてい
　　ますね。
　M：a. はい。修理するように伝えます。
　　　b. はい。その窓ガラスだそうですよ。
　　　c. 実は割れていないと言っていまし
　　　　た。

Lesson 26 ② ちょうかい

1.

① c　　② d

2.

① d　　② d

****

1. ◀071 a.〜 d.のどれですか。

① Q 先週だれが何をしましたか。

F：大川さん、はい、これ。となりのクラス
　のマリアさんから。

M：マリアさんから？

F：うん。おみやげだって。私ももらって食
　べたけど、おいしいお菓子だったよ。

M：うわあ。ありがとう。どこのおみやげ？
　大阪？

F：九州だって。ちょっとお天気が悪かった
　けど、すごく楽しかったって。

M：へえ、ぼく、沖縄は去年行ったけど、
　九州は行ったことないんだよ。行きた
　いなあ。

49

Q 先週だれが何をしましたか。
② Q 来週何をしますか。

M：ねえねえ、来週のクラスの飲み会、どこでやるの。新宿？ 渋谷？

F：飲み会じゃないよ。食事会。タンさんに聞いたら、学校の近くのイタリアンレストランでやるって。

M：ああ、あのタンさんのおすすめの店だね。じゃあ、一人3,000円ぐらい？

F：ううん、4,000円なんだって。

M：え、4,000円？ 高いよ。どうして？

F：川口先生が結婚なさるのを知ってるでしょ。先生にはクラスの食事会って言ってあるけど、本当はサプライズパーティーなんだって。

M：ああ、わかった。プレゼントを渡すんだね。楽しみだなあ。

Q 来週何をしますか。

2. 🔊072 a. ～ d. のどれですか。
① Q 女の人は月末何をしますか。

M（課長）：サラさん、30日に大阪でイベントがあるけど、行きますか。

F：申し訳ありません。その日はちょっと…。

M（課長）：え？ ああ、そうだ。月末はフランスへ帰るって言ってましたね。

F：それが、あのう…。実は帰国しないことにしたんです。

M（課長）：え、そうなんですか。何かあったんですか。

F：いえ。家族にこちらへ来てもらうことにしたんです。京都へ行きたいと言われてるんです。

M（課長）：ああ、それはいいですね。

Q 女の人は月末何をしますか。
② Q 二人は夏休みにどこへ行くことにしましたか。

F：ねえ。夏休みの旅行の行き先、富士山じゃなくてもいい？

M：いいよ。富士山は登るのが大変だからね。山なら、長野もいいよ。

F：山はもういいの。この間見た映画がすごくよかったから、あそこに行きたいと思って。

M：映画？ ああ、あのラブストーリー？

F：ううん。そうじゃなくて、子犬が大阪から広島へ男の子を探しに行く映画。

M：ああ、わかった。大阪でおいしいものを食べたいんだね。

F：ちがうよ。映画の最後に、子犬が男の子にまた会えた町に行きたいの。

M：えっ、あそこに？…うーん、いいよ。きれいな所だったからね。

Q 二人は夏休みにどこへ行くことにしましたか。

Lesson 26 ③ 　　　　　　　ちょうかい

1.
① c 　　② b

2.
① a 　　② b 　　③ c

3.
① b 　　② a

＊＊＊＊＊＊＊＊＊＊＊＊＊＊＊＊＊＊＊

1. 🔊073 a. ～ d. のどれですか。
① Q 二人の学校の学費はどうなりますか。

M：ねえ、来年の学費、もう払った？

F：ううん、まだ。来月の月末までに払えばいいって、先生に聞いた。イムさんはもう払った？

M：払ったよ。早く払わなかったら、高くなるらしいから。

F：え？ 何？ そんな話、だれに聞いたの？

M：だれって…。電車の中でこの学校の学

生が「学費が上がる前に、早く払った
ほうがいい」って言ってたから。

F：え？　ぜったいにちがうよ。私、さっき
　先生に聞いたところだけど、そんなこと
　言わなかったよ。本当に私たちの学校
　の学生？

M：うーん…。そうか…。じゃあ、電車で話
　していたのはちがう学校の学生だった
　んだね。

Q 二人の学校の学費はどうなりますか。

②Q 今、決まっていることは何ですか。

M：今、山田さんに聞いたんですけど、部
　長、引っ越しなさるそうですよ。

F：え？　どこに？

M：横浜駅の近くにある白いビル、知ってま
　すか。

F：はい。去年できたばかりのきれいなビ
　ルですよね。あのビルのとなり、今、
　工事中ですよね。

M：ええ。あそこに大きいマンションができ
　るんですって。

F：へえ、あそこマンションなんですか。そ
　れで、お引っ越しはいつなんですか。

M：来年の２月か３月らしいって、山田さん
　が言ってました。来月決まるそうです。

F：どうして山田さん、そんなこと知ってる
　んでしょうね。

M：山田さん、部長とよくゴルフに行くで
　しょう。ゴルフしてるときに聞いたって
　言ってました。

F：へえ、そうなんですか。駅前の新しい
　マンション、いいですねえ。やちん、高
　いんでしょうね。

Q 今、決まっていることは何ですか。

2. ◀075 a.〜c.のどれですか。

①M：そんなピンク色のワンピース買って、

どこに着て行くの？

　F：a. 来月の友だちの結婚式。

　　　b. そんなところ、行きたくない。

　　　c. どこにも売ってないと思うよ。

②M：週末また台風が来るらしいよ。

　F：a. どうやって来るの？

　　　b. えー！　ショック。キャンプに行く
　　　　予定なのに。

　　　c. 明日はお客さまがいらっしゃるん
　　　　だよ。

③F：営業部のパクさん、マンションを
　　買ったばかりなのに、福岡に転勤す
　　るそうですよ。

　M：a. そんなマンション、どこにあるん
　　　　ですか。

　　　b. そんなところ、だれが買ったんで
　　　　すか。

　　　c. そんなこと、どうして知ってるん
　　　　ですか。

3. ◀075 a.〜c.のどれですか。

①Q 学校で友だちの発表を聞いていますが、声が聞こえません。先生に何と言いますか。

M：a. どなたに聞いたらいいですか。

　　b. マイクの音を大きくしていただけま
　　　せんか。

　　c. 説明が難しすぎるんですが。

②Q 体重が増えたので、ご飯をたくさん食べないことにしています。店員に何と言いますか。

F：a. すみませんが、ご飯を少なくしてく
　　　ださい。

　　b. すみません。ご飯がちょっと少ない
　　　んですが。

　　c. すみません。ご飯がちょっと少なく
　　　ないですか。

Lesson 27 1 ぶんぽう

STEP 1

1.

① バターがなくなりそうだから、買いに行かなくちゃ。

② 昨日の夜よくねられなかったから、運転中ねそうになってしまった。

③ ラマさんが公園行きのバスにのりそうだよ。

2.

① 朝いい天気だったからまどを開けたまま、学校に来ちゃった。

② 日本ではくつをはいたまま、家に入ってはいけません。

③ Aさんの国ではポケットに手を入れたまま、あいさつするんですか。

STEP 2

1.

① 昨日、充電器をうちに置いたまま出かけてしまいました。

② バスが出そうだったので急いで店を出たら、商品を持ったままだった。

③ この道は人も多いし、事故が起きそうで心配です。

2.

（1）4　（2）1　（3）3

STEP 3 （解答例）

① ネットのニュースで見たんですが、私の国の有名な歌手が今年の夏日本でコンサートをするそうです。

② コンタクトレンズをしたまま、ねてしまいました。

Lesson 27 2 ぶんぽう

STEP 1

1.

① 「ひやす」というのは、物や体をつめたくすることです。

② 「送別会」というのは、これから会えなくなる人といっしょにするパーティーのことです。

③ 「おい出す」というのは、いらないものや人を外に出すことです。

2.

① このへんはこうようがきれいで、秋になると、人がおおぜい来ます。（このへんはこうようがきれいで、秋になると、人がおおぜい見に来ます。）

② 空気がきれいだと、ほしがよく見えます。

③ でも、話す練習をしないと、話せるようにならないよ。

3.

① TOEIC を受けて、英語のレベルをチェックしようと思っています。

② 日本では年末になると、「よいお年を」と言って、あいさつします。

③ 私は友だちとおいしいものを食べて、気分転換をしています。

STEP 2

1.

① 私がご飯をおかわりすると母はとてもよろこびます。

② 小さいカメラを胃に入れて中を見る検査のことですよ。

2.

（1）2　（2）3

STEP 3 （解答例）

私の国では正月になると、「初もうで」に行きます。「初もうで」というのはその年に初めてお寺や神社へ行って、一年のけんこうやしあわせをいのることです。

STEP 1

1.

①早く起きなさい。

②ちゃんと飲みなさい。

③話があるから、ここに来なさい。（話があるから、ここにすわりなさい。）

④夏休みにうちの仕事を手伝いなさい。

2.

①父は私を留学させました。

②毎年夏休みに両親は私をキャンプへ行かせました。

③先生は具合が悪い学生を帰らせました。

④電車がおくれて、AさんはBさんを待たせました。

⑤コーチは学生をならばせました。

⑥姉は赤ちゃんを連れて来て、家族をよろこばせました。

⑦私は子どものとき、よく病気になって、両親を心配させました。

STEP 2

1.

① 4   ② 3   ③ 2

2.

①Aさんはお子さんをじゅくに行かせていないそうです。

②「インフルエンザの人が多いからマスクをして行きなさい」と母に言われた。

③ゲームばかりしていないで勉強しなさい。

STEP 3 （解答例）

①母に「部屋をかたづけなさい」と言われました。

②入院したのに、病気がなかなかなおらなくて、両親を心配させました。

STEP 1

1. - 1

①しょうらいのために、いっしょうけんめい日本語を勉強しようと思っています。

②日本文化の研究のために、日本の大学に留学したいです。

③けんこうのために、毎晩12時までにねるようにしています。

1. - 2

①歌手になるために、歌の練習をしています。

②料理を勉強するために、せんもん学校に入りたいです。

③旅行に行くために、休みを取りました。

2.

①スピーチ大会が終わったので、先生は学生に（会場）のあとかたづけをさせました。

②となりの家の奥さんはいつもご主人に荷物を持たせます。

③夏休みになったら、むすこに仕事を手伝わせようと思っています。

④子どもに好きなことをさせたいです。

⑤これはとてもいい本なので、子どもに読ませたいと思います。

STEP 2

1.

①デザイナーになるためにせんもん学校で勉強するつもりです。

②車にのったら安全のためにシートベルトをしなくてはいけない。

③先生、進学のためにどんな準備をしなくてはいけませんか。

2.

（1） 4   （2） 1   （3） 2

STEP 3 （解答例）

①私の国では子どもに外国語を習わせる親

が多いです。

②私はしょうらいのために、日本語を勉強しています。

Lesson 27 ① ちょうかい

1.
① b　② a　③ c

2.
① a　② c

＊＊＊＊＊＊＊＊＊＊＊＊＊＊＊＊＊＊

1. ◀076 a.～c. のどれですか。

①Q 同僚のかばんのポケットから財布が半分出ています。何と言いますか。

M：a. 財布が落ちましたよ。

　　b. 財布が落ちそうですよ。

　　c. 財布が落ちていますよ。

②Q 友だちのシャツのボタンが1つありません。友だちに何と言いますか。

F：a. ボタンが1つなくなってるよ。

　　b. ボタンが1つ取れそうだよ。

　　c. ボタンが1つ落ちるよ。

③Q 校長先生が教室にいらっしゃったのに、友だちは座ったままあいさつしました。何と言いますか。

M：a. 立ってあいさつしてはいけないんだよ。

　　b. 立ったままあいさつしなくてはいけないんだよ。

　　c. 立ってあいさつしなくてはいけないんだよ。

2. ◀077 a.～d. のどれですか。

①Q 女の人はどうして約束の時間に遅れますか。

F：もしもし。ごめん。5分ぐらい遅れそう。

M：何かあったの？

F：うん。会社の近くのバス停でバスを待ってたんだけど、課長から電話がかかってきてね。

M：えっ、仕事、忙しいんだね。

F：ううん。課長、今晩から出張なんだけど、倉庫のかぎをポケットに入れたまま、会社を出ちゃったんだって。バス停までかぎを持って来るって言われて待ってたら、乗りたかったバスが行っちゃって。

M：わあ、そうだったんだ。で、課長には会えたの？

F：うん。今、かぎも受け取った。次のバスで行くから、駅前の本屋で待ってて。

Q 女の人はどうして約束の時間に遅れますか。

②Q 男の人と話して、女の人の考えはどうなりましたか。

F：去年の夏はとても暑くて大変だったのに、今年は気温が上がりませんね。ひどい雨もよく降るし、本当に変な天気ですよね。

M：ええ。これも温暖化と関係があるんでしょうね。

F：温暖化はCO₂が原因だそうですけど、減らすのは難しいですよね。電気を使わないと生活が不便になるでしょう？

M：そうですね。

F：国がちゃんとやってくれないと困りますね。

M：そうですね。でも、私たち一人ひとりもできることをしなくてはいけないと思いますよ。小さいことも、みんながすれば大きくなりますからね。

F：ああ、そうですね。使わない部屋の電気をつけたままにしないとか、エアコンの温度に気を付けるとか、私もできる

ことをやらなくてはいけませんね。温暖化が止まらなかったら、今の子どもたちが大人になったとき、大変なことになりますからね。

Q 男の人と話して、女の人の考えはどうなりましたか。

Lesson 27 ②　　　　ちょうかい

1.
① a　　② b　　③ c
2.
① c　　② a
3.
d

＊＊＊＊＊＊＊＊＊＊＊＊＊＊＊＊＊＊

1. ◀078 a.～c. のどれですか。

① F：日本は節分に何をするんですか。
　M：a. 豆をまいて、鬼を追い出すんです。
　　　b. 節分というのは春になる前の日のことです。
　　　c. 正月が終わったら、次は節分ですね。

② M：年賀状っていうのは新年のあいさつをするはがきのこと？
　F：a. 年賀状には何を書くの？
　　　b. うん。そろそろ書かなくちゃ。
　　　c. 新年のあいさつはあけましておめでとうって言うんだよ。

③ F：山田さんに翻訳をお願いしたら、「朝飯前だよ」って言われたんですけど、意味がわからなくて。
　M：a. そんなこと、だれに言ったんですか。
　　　b. もう少し後で頼みに行ったらどうですか。
　　　c. その仕事はとても簡単にできるということですよ。

2. ◀079 a.～d. のどれですか。

①Q 正月の前にすることは何ですか。

M：日本では年末になると、年賀状を書くそうですね。
F：ええ。お正月に食べる特別な料理を作ったり、掃除をしたりもしますよ。
M：そうですか。お正月には何をするんですか。
F：お寺とか神社とかへ行きます。子どもたちにはうれしいことがあるんですよ。お年玉がもらえるんです。
M：お年玉って何ですか。特別なゲームですか。
F：新年のお祝いに子どもにあげるお金のことです。例えば、私は兄に3人、姉に2人子どもがいるんですが、毎年その子どもたち全員にあげなければならないんです。
M：へえ。それ、大変ですね。

Q 正月の前にすることは何ですか。

②Q 男の人は何を食べますか。

F：これ、私が作ったんだよ。1つどうぞ。
M：わあ、おいしそう。何のケーキ？
F：これはチーズケーキ。こっちはバナナとチョコレートのケーキ。となりはルバーブのケーキ。
M：ルバーブって何？
F：ルバーブっていうのは長くて大きい葉っぱがついてる、ちょっとすっぱい野菜だよ。
M：ふうん。初めて聞いた。すっぱいのは好きじゃないなあ。
F：え、おいしいのに。それと、これはりんごで作ったケーキ。
M：ぼく、果物を食べると、体がかゆくなるんだ。
F：え？ そうなの？ じゃあ、これ、どうぞ。

Q 男の人は何を食べますか。

3. 🔊080 a. ～ d. のどれですか。

Q 二人はどうやってお金を払うことにしましたか。

M：ああ、おいしかった。アティさんがご飯、おかわりするのはめずらしいですよね。

F：本当においしかったんです。この辺、おいしいお店が増えて、うれしいですね。じゃあ、そろそろ会社に戻りましょうか。えっと、私はＡランチで…1,300円ですね。

M：そうですね。あ、今日は私が払います。この前アティさんにラーメンをごちそうしてもらったので。

F：いえ、いいですよ。今日は別々に払いましょう。私が食べた料理のほうが高いですし。

M：別々に払うって何ですか。

F：みんな一人ひとり、自分が食べた料理のお金を払うことです。

M：ああ。でも、今日は私、アティさんのコロッケ、1つもらいましたから、割り勘にしましょう。

F：わかりました。すみません。じゃあ、全部で2,400円だから…

Q 二人はどうやってお金を払うことにしましたか。

Lesson 27 ③　　　　　　ちょうかい

1.
① c　　② b
2.
① d　　② b

＊＊＊＊＊＊＊＊＊＊＊＊＊＊＊＊＊＊＊

1. 🔊081 a. ～ d. のどれですか。

①Q 女の子はうちに帰ったら、何をしますか。

F（子）：行って来ます。

M（父）：今日はどこへ行くんだ？ 部屋を掃除するって言ってただろう？

F（子）：ああ。来週テストだから、友だちのうちへ勉強しに行くの。寝る前に片付ける。

M（父）：じゃあ、晩ご飯の時間までに帰って来なさい。

F（子）：晩ご飯も一緒に食べて来る。

M（父）：しょうがないなあ。じゃあ、帰るとき、迎えに行くから、電話しなさい。

F（子）：はい。じゃあね。行って来ます。

Q 女の子はうちに帰ったら、何をしますか。

②Q 男の子はどうしますか。

M（子）：ただいま。はあ、今日もバイト、忙しかったよ。お母さん、ご飯。

F（母）：ちょっとそこに座りなさい。ゆうき。ちゃんと大学へ行ってるの？ 毎日アルバイトばかりして大学を休んでたら、卒業できないわよ。

M（子）：まだ２年生だから、大丈夫だよ。

F（母）：こら！ 何言ってるの。あなたが行きたいと言ったから、大学へ行かせたんでしょう？ ゆうき、アルバイト、辞めなさい。

M（子）：えー、あの仕事が好きなんだよ。

F（母）：じゃあ、アルバイトの時間を減らしてちゃんと大学へ行きなさい。休むなら、来年の学費は払わないよ。

M（子）：えー、わかった。そうするよ。これからは勉強、ちゃんと頑張るから。お母さん、おなかすいたから、ご飯にして。

F（母）：はあ、やっぱりアルバイト、辞め
　　　　たほうがいいと思うけどね。

Q 男の子はどうしますか。

2. ◀083 a. 〜 d. のどれですか。

①Q 今、だれが留学していますか。

M：こんにちは。大きいお荷物ですね。

F：ああ、山川さん、こんにちは。そうなん
　　です。娘に送ろうと思って。

M：へえ、今、どちらに？

F：中国です。

M：あ、そうなんですか。私、大学のとき、
　　中国で勉強していたんですよ。

F：え、そうなんですか。うちの娘も去年か
　　ら留学させてるんです。じゃあ、山川さ
　　んは中国語がお上手なんでしょうね。

M：いえいえ。私より妻のほうがうまいで
　　す。妻も留学してたんですよ。

F：え、そうなんですか。知りませんでし
　　た。

Q 今、だれが留学していますか。

②Q となりの家の息子さんはどうして学校
　　を欠席していますか。

F（妻）：ねえ、となりのこうすけくん、先
　　週からずっと学校を休んでるんだって。

M（夫）：どうして？　あ、インフルエンザか。
　　今、うちの会社もインフルエンザで休
　　んでる人、すごく多いよ。

F（妻）：そうじゃないの。元気なんだけど、
　　学校にインフルエンザの子どもが多い
　　から、休ませてるんだって。

M（夫）：え、そうなの？

F（妻）：でもね、塾は休ませないで、行か
　　せるのよ。

M（夫）：へえ、勉強はさせるのか。どう
　　してそんなこと、知ってるの？

F（妻）：夕方、買い物から帰って来たとき

に、となりの奥さんに会ったの。塾に
車で送って来たんだって言ってた。ねえ。
うちの子も明日から休ませようかしら。

M（夫）：何言ってんだよ。

Q となりの家の息子さんはどうして学校を欠席していますか。

Lesson 27 4　　　　　　　　ちょうかい

1.
① a　　② b　　③ c

2.
① c　　② c

＊＊＊＊＊＊＊＊＊＊＊＊＊＊＊＊＊

1. ◀083 a. 〜 c. のどれですか。

①M：ボーナスをもらったら、何か買うんで
　　すか。

　F：a. いいえ。海外旅行をするために、
　　　　貯金するつもりです。

　　　b. はい。ボーナスのために働いてい
　　　　るらしいです。

　　　c. そうですか。楽しみですね。

②M：わあ、これ、初めて見ました。めず
　　らしい花を育てているんですね。

　F：a. はい。それでよく動物園へ行くん
　　　　です。

　　　b. これは研究のために、育てている
　　　　んです。

　　　c. そんな花、どこで見たんですか。

③M：健康のために何かしていますか。

　F：a. いいえ。何かさせようと思ってい
　　　　るんですが…。

　　　b. はい。安全のためにシートベルト
　　　　をしています。

　　　c. いいえ。何もしていません。

2. ◀084 a. 〜 d. のどれですか。

①Q だれが英会話を習っていますか。

F：私、英会話を習いに行こうと思ってるん
　ですけど、いい学校、知りませんか。

M：英会話？ 娘を習いに行かせてるので、
　そこなら、知ってますけど。

F：どこですか。

M：みどり町の駅前です。アメリカとかフィ
　リピンの方が教えてくれるんです。私
　の友だちが子どもさんにそこで英語を
　習わせたら、すごく上手になったんで
　すって。その子がイギリスの大学に入
　学したと聞いて、そこに決めたんです
　よ。

F：へえ。どんな授業なんですか。

M：うちで教科書を読んでおいて、授業で
　そのことを話すらしいです。先生と英
　語でおしゃべりするのが楽しいって言っ
　てました。すごくいっしょうけんめい勉
　強してますよ。

F：へえ。おもしろそうですね。じゃあ、私
　も一度行ってみます。

Q だれが英会話を習っていますか。

②Q 女の人はこの後何をしますか。

F：ああ、おいしかった。ごちそうさまでし
　た。料理、すごく上手だね。

M：よかった。じゃあ、座って、テレビ、見
　てて。

F：お皿、洗うよ。作るとき何も手伝わな
　かったから。

M：いいよ。お客さんに料理を手伝わせた
　り、後片付けさせたり、できないよ。

F：お客さんじゃないでしょ。友だちでしょ。

M：うん。そうだけど。

F：じゃあ、私がする。

M：そう？ ありがとう。じゃあ、お皿を運
　ぶから、あと頼むね。

Q 女の人はこの後何をしますか。

STEP 1

1.‐1

①何かありましたら、すぐにお知らせくださ
　い。

②時間がありませんので、お急ぎください。

③あちらの席におかけください。

④ヨーロッパ旅行のパンフレットをどうぞ
　お持ち帰りください。

1.‐2

①会議の時間が決まりましたら、ご連絡く
　ださい。

②こちらの道は車が多いので、ご注意くだ
　さい。

③いんさつなさる場合は、あちらのプリン
　ターをご利用ください。

1.‐3

①あちらにお食事がありますので、めしあ
　がってください。

②くわしい使い方はこちらのマニュアルをご
　らんになってください。（くわしい使い方
　はこちらのマニュアルをごらんください。）

③お困りになったら、何でもおっしゃってく
　ださい。

④どうぞあちらでゆっくりなさってくださ
　い。

2.

①前はあまり運動しませんでしたが、今は
　運動するようになりました。（前はあまり
　運動しませんでしたが、今はジョギング
　するようになりました。）

②前は部屋がきたなかったですが、今は毎
　日そうじするようになりました。

③学生のときは8時に起きていましたが、
　仕事を始めてから6時に起きるようにな
　りました。

④今はメールを送るようになりました。（今

はメールを出すようになりました。）（今は
メールをするようになりました。）

⑤赤ちゃんが生まれてから、Aさんのご主
人は家事を手伝うようになりました。（赤
ちゃんが生まれてから、Aさんのご主人
は家事をするようになりました。）

STEP 2

1.

① b　② a

2.

（1）2　（2）1

STEP 3　（解答例）

ねる前に、ストレッチをするようになりまし
た。

Lesson 28 [2]　　　ぶんぽう

STEP 1

1.

①車のめんきょを取って、3日です。

②大学をそつぎょうして、半年です。

③入院して、2週間です。

④買って、15年です。

2. - 1

①めんせつのときうまく話せるように、練
習しています。

②早く退院できるように、リハビリをがん
ばってください。

③日本の会社ではたらけるように、ビジネ
ス日本語を勉強します。

2. - 2

①大切なものはなくさないように、名前を
書きましょう。

②病気にならないように、よく食べて、よ
くねています。

③ふねにのって気分が悪くならないように、
むすめに薬を飲ませました。

2. - 3

①町のかんきょうがよくなるように、みんな
でがんばります。

②早く元気になるように、無理をしないで、
ゆっくり休んでください。

③後ろの人もよく聞こえるように、大きい声
で話してください。

④みんながよくわかるように、ゆっくり説明
しましょう。

STEP 2

1.

① 1　② 4　③ 2

2.

①あ、きれいな服をよごさないようにエプ
ロンをしてください。

②この会社ができて20年なのでおいわいの
パーティーをしました。

③体をこわさないように早く帰ったほうがい
いですよ。

STEP 3　（解答例）

①日本語の勉強を始めて、8か月ぐらいで
す。

②上手に話せるように、クラスで友だちと
会話の練習しています。

Lesson 28 [3]　　　ぶんぽう

STEP 1

1.

①あの家は大きくて、おしろみたいです。

②先生みたいだけど、学生だよ。

③B：歌手みたいな歌い方だね。
　　C：プロの歌手みたいに上手だよね。

2.

①電車にのっているとき、いつも音楽を聞
きます。

②おさけを飲んだとき、車を運転してはい
けません。

③一人でさびしいとき、家族に電話します。

④仕事を一人でするのが無理なとき、どうりょうに手伝ってもらいます。

3.-1

①何か、わかりません。

②いくらだったか、忘れちゃった。（いくらか、忘れちゃった。）

③どこでアルバイトして（い）るか、聞いてみよう。（どこか、聞いてみよう。）

3.-2

①先生かどうか、わからない。

②（予約）できるかどうか、調べてみましょう。

③あとでいらっしゃるかどうか、かくにんしておきます。

STEP 2

1.

① 1　　② 4　　③ 3

2.

①私にはまだ子どもがいないので子そだてがたいへんかどうかわかりません。

②寒くて、手がこおりみたいに冷たくなってしまった。

STEP 3 （解答例）

①疲れたとき、いつもチョコレートを食べます。

②日本語が上手になったら、日本のテレビに出てみたいです。

Lesson 28 1　　　　　　　　ちょうかい

1.

① c　　② a　　③ b

2.

① b　　② d

* * * * * * * * * * * * * * * * *

1. ◀086 a.～c.のどれですか。

①F：すみません。このビル、駐車場はな

いんですか。

M（警備員）：a. いいえ。こちらのビルは駐車場ではありません。

b. そうですね。ご連絡しましょうか。

c. はい。近くの駐車場をご利用ください。

②M：パンフレットを1部いただきたいんですが。

F：a. はい。どうぞ、お持ち帰りください。

b. はい。お持ち帰りになりました。

c. はい。いただきました。

③F：よくわからなかったので、詳しく説明していただけませんか。

M：a. はい。ぜひお願いいたします。

b. はい。では、資料の3ページをごらんください。

c. よくわかりました。ありがとうございます。

2. ◀086 a.～d.のどれですか。

①Q 男の人はどうして女の人に席を代わりましたか。

F：あ、山田部長。お疲れ様です。

M（部長）：あ、前川さんも今、帰りですか。こんな遅い時間まで仕事して、体は大丈夫ですか？ あ、席、代わりましょう。

F：いえいえ。どうぞそのままおかけください。

M（部長）：いやいや。私は大丈夫だから。座ってください。

F：すみません。ありがとうございます。

M（部長）：前川さん、赤ちゃん、いつ生まれるんですか。

F：5月なんです。

M（部長）：そうですか。楽しみですね。でも、毎日会社に行くの、大変じゃないですか。

F：そうですねえ。前は駅から家まで20分
　ぐらい歩いていたんですけど、最近は
　バスに乗るようになりました。仕事中は
　大丈夫なんですけど。

M（部長）：今は何の仕事、してるんですか。

F：新しい商品を作るチームにいます。

M（部長）：ああ、じゃあ、忙しいでしょう。
　あまり無理しないようにしてくださいね。

**Q 男の人はどうして女の人に席を代わりま
したか。**

**②Q 男の人がネットで買わないものは何で
すか。**

M：あ、サラさん。こんにちは。

F：ああ、リさん。今日は何ですか。買い
　物？

M：ええ。ちょっとデパートに。食料品と
　か本とか家で使うものはだいたいネット
　で買うようになりましたけど、くつは
　やっぱり一度はいてみないとわからな
　いので。

F：そうですよね。私も服とかくつはネット
　で買いません。

M：サラさんも買い物？

F：いえ、映画を見に。近くの映画館でフ
　ランスの新しい映画がたくさん見られる
　ようになったので、最近よく見に行って
　るんです。

M：へえ、そうなんですか。

**Q 男の人がネットで買わないものは何です
か。**

Lesson 28 [2]　　　　　　ちょうかい

1.
① c　　② b

2.
① b　　② c　　③ a

＊＊＊＊＊＊＊＊＊＊＊＊＊＊＊＊＊＊

1. ◀087 a.〜d. のどれですか。

**①Q 男の人のうちに犬が来て、どれぐらい
ですか。**

F：わあ、かわいい。まだ小さいね。いく
　つ？

M：3歳半。人間なら30歳ぐらいかなあ。

F：え、こんなに小さいのに？

M：この犬はこれ以上大きくならないん
　だって。生まれて1年ぐらいでこれぐら
　いになっちゃった。

F：そうなんだ。生まれたときから飼ってる
　の？

M：ううん。兄の家の犬だったんだけど、
　東京に転勤になっちゃって、ペットが
　飼えないって言うから、うちに来たん
　だ。そのときはまだ生まれて半年で、
　かわいかったんだけどね。

F：今もかわいいよ。いいなあ。私も飼いた
　いなあ。

**Q 男の人のうちに犬が来て、どれぐらいで
すか。**

**②Q 男の人は今の会社に入って、何年です
か。**

F：チェさんは何年ぐらい日本に住んでる
　んですか。

M：ええと…日本に来て、もう10年です。

F：そうなんですか。ずっとここで働いてい
　るんですか。

M：いえ、最初は日本語学校で2年間日本
　語を勉強して、貿易会社に入ったんで
　す。

F：え、貿易会社？　どうして辞めてしまっ
　たんですか。お給料がよくなかったと
　か？

M：いいえ、給料はまあまあでした。で、3
　年働いたんですが、残業が多くて、体
　を壊してしまったんです。その後すぐに

こちらに就職が決まって、それから
ずっと頑張っています。

F：そうなんですか。また体を壊したら大
変ですから、あまり無理をしないでくだ
さいね。

**Q 男の人は今の会社に入って、何年です
か。**

2. ◀088 a.〜c.のどれですか。

①F：来週、大学の入学試験なんです。

　M：a. 試験はどうでしたか。

　　　b. 合格できるように、頑張ってくだ
さいね。

　　　c. 大学に入って、どれぐらいですか。

②M：先週引っ越したんですけど、通勤に
２時間半もかかるので、毎朝５時半
に家を出なくてはいけないんです。

　F：a. え、毎朝５時半に起きるんですか。
大変ですね。

　　　b. 通勤に時間がかかるから、引っ越
したんですか。

　　　c. 大変ですね。体を壊さないように、
気を付けてください。

③F：最近、勉強はどうですか。

　M：a. 難しいです。でも、会話がうまく
なるように、頑張っています。

　　　b. 勉強を始めて、もうすぐ３時間で
す。

　　　c. 春休みに旅行するために、貯金し
ています。

Lesson 28 3　　　　　　　　**ちょうかい**

1.
① d　② b

2.
① c　② a

3.

①　b　　②　c　　③　b

＊＊＊＊＊＊＊＊＊＊＊＊＊＊＊＊＊＊

1. ◀089 a.〜d.のどれですか。

①**Q 男の人の恋人はどの人ですか。**

M：これ、祖母のうちでお花見したとき、
撮ったんだよ。

F：わあ、さくらがきれい。ねえ、この中に
彼女いる？

M：うん。彼女はこれ。

F：へえ、背が高くて、モデルみたい。

M：そうかな。これは妹。

F：かわいい。アイドルみたいだね。高校
生？

M：ううん。レストランでアルバイトしてる。
これは姉と姉の娘。

F：よく似てるね。

Q 男の人の恋人はどの人ですか。

②**Q 女の人は何をしていますか。**

M：あれ？ おもしろそうなゲームですね。

F：いえ。今勉強してるんですよ。これ、
勉強のアプリです。

M：へえ、ゲームみたいなアプリですね。
何の勉強をしているんですか。

F：漢字です。ここを押すと、書き方がわか
るんですよ。

M：へえ、漢字を勉強するアプリなんです
ね。

F：300円払うと読み方の勉強もできるよ
うになるんです。私は払ってないです
けど。

M：へえ、ぼくはノートに書いて勉強してる
んだけど、アプリもいいですね。

Q 女の人は何をしていますか。

2. ◀090 a.〜d.のどれですか。

①**Q 女の人はこの後まず何をしますか。**

M（課長）：サラさん。さっきのミーティン

グでみんなが言った意見を、部長に
メールで送ってもらいたいんですが、
できますか。

Ｆ：わかりました。

Ｍ（課長）：いろいろな意見があったけど、
メモしてある?

Ｆ：はい、大丈夫です。会議のときはいつ
もメモするようにしているので。

Ｍ（課長）：ああ、そうなんですか。じゃあ、
頼みますよ。あ、部長に送る前に私に
見せてください。

Ｆ：はい。

Ｑ 女の人はこの後まず何をしますか。

②Ｑ 男の人はこの後どこへ行きますか。

Ｆ：ねえ、ちょっとりんごジュースを買って
来てくれない?

Ｍ：いいけど、どうしたの? りんごジュー
ス、いつもは飲まないでしょ。

Ｆ：うん。でも、私、かぜをひいたとき、い
つも飲むの。

Ｍ：え、かぜひいたの? ああ、昨日雨も風
も強かったのにサーフィンに行ったから
だよ。止めたほうがいいって言ったの
に。じゃあ、薬局へ行かなくちゃ。薬
を買ってくるよ。

Ｆ：ううん。ひどくなったら、病院に行くか
ら、大丈夫。

Ｍ：そう…。じゃあ、コンビニだね。病院に
行くときは、一緒に行くよ。

Ｆ：ありがとう。

Ｑ 男の人はこの後どこへ行きますか。

3. ◀ 091 a.～c. のどれですか。

①Ｆ：わっ、大きい箱。これ、中は何です
か。

Ｍ：a. どんな箱かわかりますか。

b. 何が入ってるか、わかりません。

開けてみましょうか。

c. 大きいかどうか、わかりません。
見てみましょうか。

②Ｍ：どうして山田さんは来なかったんで
すか。

Ｆ：a. 来ないかどうか、わかりません。

b. だれが来なかったか、聞きましょ
うか。

c. どうしてか、確認してみます。

③Ｍ：ねえ、キムさん。山田さんが通って
いるジム、どこにあるか知ってる?

Ｆ：a. 山田さんが知ってるかどうか聞い
てみたら?

b. ちょっとわからない。

c. 私は駅前のジムに通っているよ。

Lesson 29 ① ぶんぽう

STEP 1

1.

①大きいバスが故障でていしゃしているた
め（に）、今この道は通れません。

②強風のため（に）、公園の大きい木がた
おれてしまいました。

③水不足のため（に）、今年は米があまりそ
だちませんでした。

④ CO_2 がへらないため（に）、温暖化が止
まりません。

2.

①今日はテストなのに、夕べ30分しか勉
強しませんでした。

②店員が一人しかいないので、とても大変
です。

③でも、この店、ケーキしかないよ。

3.

①宿題をして行かなかったら、じゅぎょう
の後で、先生に（宿題を）させられました。

②週末はいつもつまにそうじを手伝わされ

るんです。(週末はいつもつまにそうじを手伝わせられるんです。)

③山下さんはちこくばかりしていたので、店長に(アルバイトを)やめさせられたんですよ。

④昨日、かのじょがひっこししたんだけど、重い荷物をいっぱい運ばされたから…。(昨日、かのじょがひっこししたんだけど、重い荷物をいっぱい運ばせられたから…。)

STEP 2

1.

① c　② b　③ c　④ a

2.

①外国語を勉強しても旅行のときしか使わなければすぐ忘れてしまいます。

②地下鉄は運転を見合わせているためご利用になれません。

③友だちとやくそくがあったのにざんぎょうさせられて、行けなかった。

STEP 3　(解答例)

子どものとき、母にきらいだった野菜を毎日食べさせられました。

Lesson 29 ②　　　　ぶんぽう

STEP 1

1.

①本屋で雑誌の写真をとるなと注意されました。

②じゅぎょうの後、教室であそんでいたら、先生にしずかにしろと言われた。

③あそこに、ゴミは持って帰れって書いてあるよ。

④この道は車とバイクと自転車は通るなという意味です。

2.

①うちの部のコピー機の調子が悪いので、

システム部のを使わせていただけませんか。

②今日、Ａ社を見学に行きたいので、2時に早退させていただけませんか。

③ちょっと考えさせていただけませんか。

④週末、北海道の大学へ受験に行くので、アルバイトを休ませていただけませんか。

STEP 2

1.

①さっき店員に向こうに並んで待ってって言われた。

②体調が悪いので、今日の研修は欠席させていただけませんか。

③私も前にまちがえたとき、報告を忘れるなって注意されたよ。

2.

(1)　4　　(2)　3　　(3)　2

STEP 3　(解答例)

中学生のとき、クラスの先生に宿題をしろと注意されました。

Lesson 29 ③　　　　ぶんぽう

STEP 1

1.

①Ａ：私は水をれいぞうこで冷やして飲みます。

　Ｂ：私は水を冷やさないで飲みます。

②Ａ：昨日はあたたかいと思って、コートを着ないで出かけたら、寒かったです。

　Ｂ：私はマフラーをして出かけて、暑かったですよ。

2.

①Ｃさんはスカッシュを習っているんじゃなくて、教えているんですよ。

②勉強が大変なんじゃなくて、アルバイトがいそがしいんです。

③これは料理の本じゃなくて、なべの説明

書です。

3.

① 料理を作りすぎました。

② 夕べはカラオケで歌いすぎて、のどが痛い。

③ 毎晩、となりの部屋がうるさすぎて、ぜんぜん勉強できない。

④ このへんは夜になるとしずかすぎて、さびしい。

STEP 2

1.

① デスクトップに保存されているファイルが多すぎるから整理したほうがいいですよ。

② そばがきらいなんじゃなくてそばのアレルギーなんです。

2.

（1） 1　　（2） 4　　（3） 3

STEP 3 （解答例）

① ゲームをやりすぎて、手が痛くなったことがあります。

② いいえ、漢字じゃなくて、ぶんぽうです。

Lesson 29 1 　　　　　ちょうかい

1.

① a　　② c

2.

① b　　② c

3.

① b　　② b

＊＊＊＊＊＊＊＊＊＊＊＊＊＊＊＊＊

1. ◀092 a.〜c. のどれですか。

① Q 駅員がアナウンスしています。何がありましたか。

M（駅員）：お客様にお知らせいたします。ただ今、みどり町駅の近くで信号機が故障したため、この電車は停車しており

ます。今故障の原因を調べているところですので、お急ぎのところ、申し訳ありませんが、しばらくお待ちください。

Q 何がありましたか。

② Q テレビでアナウンサーがニュースを伝えています。どんなニュースですか。

F（アナウンサー）：今日予定されていた高田FCと心斎橋FCのサッカーの試合は、風が強くて危険なため、中止になりました。今日は天気が悪くて、雪や雨が降ったところもありましたが、中止になったのは、この試合だけでした。

Q どんなニュースですか。

2. ◀093 a.〜d. のどれですか。

① Q 女の人はこの後何をしますか。

M：あれ？　課長は今どちらですか。

F：さっき人事部の中田さんとエレベーターの前でお話しになっていたんですけど…。

M：今エレベーターの前にはだれもいませんでしたよ。会議まであと10分ですね。中田さんが知っているかもしれないから、急いで人事部へ行って聞いて来てもらえますか。

F：え？　あ、本当だ。あと10分しかありませんね。あの、井上さんも駅前のほうに食事に行くと言って出かけてから、まだ戻っていないんです。お電話してみましょうか。

M：いや、たぶん時間までに戻って来るでしょう。あ、会議室の準備はもうしてあるんですか。

F：すみません。今すぐ行きます。

M：じゃあ、そちらは私がやりますので、課長のほうをよろしくお願いします。

Q 女の人はこの後何をしますか。

②Q 男の人は何をしましたか。

F1(先生)：では、テストを始めます。机の上に、えんぴつと消しゴムだけ出してください。

M：先生、ボールペンしかありません。

F1(先生)：ボールペンはだめです。昨日も言いましたが、テストのときはえんぴつしか使ってはいけません。消せるボールペンも使えませんよ。今日ない人は、友だちに貸してもらってください。友だちに借りられなければ、私が貸しますから、取りに来てください。

M：キムさん、えんぴつ、貸してくれない？

F2：この短いえんぴつしか貸せないけど…。

M：うん。ごめんね。

Q 男の人は何をしましたか。

3. ◀094 a.〜d.のどれですか。

①Q 今日残業させられている人はだれですか。

M：朝田さん、お待たせしました。送別会、6時半からですよね。急いで行きましょう。あれ？古川さんは？

F：それが、ちょっと遅くなるそうです。課長に仕事を頼まれたって。

M：え、今日、古川さんの送別会なのに？

F1：そうなんですけど、古川さんしかわからないことらしくて。あの課長、いつも5時半ごろに仕事を頼むから、本当に困っちゃうんですよね。

M：田中さんもよく課長に残業させられるんですか。

F：ええ。もうちょっと早く言ってもらえたら、6時までにできるのになあって思いながら、残業してます。

M：じゃあ、先に店に行って、待ちましょ

う。

Q 今日残業させられている人はだれですか。

②Q どうしてスーパーにりんごケーキがありませんか。

F：最近スーパーに私が好きなりんごケーキがないんだよね。うちの家族、みんな好きだから、遠くのスーパーまで買いに行かされたんだけど、そこにもなかったの。

M：ああ、ぼくもあれ好きだよ。今は新しい商品のパイナップルケーキしかないよね。もう作られてないのかな。ちょっとネットで調べてみようか。…あ、しばらく出荷を見合わせるって、会社のホームページに出てる。

F：「出荷を見合わせる」って何？

M：商品を会社とか工場から店に出すのを止めることだよ。

F：え、どうして？

M：えっと…、「強風で大きくなる前のりんごが落ちてしまったため」って書いてある。ああ、今年は台風が多かったから…。

F：そうなんだ。夏は雨が降らなくて水不足だったし、秋は大きい台風がよく来たし、今年は大変なことが多かったよね。

Q どうしてスーパーにりんごケーキがありませんか。

Lesson 29 2　　　　ちょうかい

1.

① c　② d

2.

① b　② c　③ a

＊＊＊＊＊＊＊＊＊＊＊＊＊＊＊＊＊

1. ◀095 a.〜 d. のどれですか。

①Q 女の人はこの後何をしますか。

M：サラさん、この書類、フランス語に翻訳してもらいたいんですけど、今日の4時ぐらいまでにできませんか。

F：すみません。先週の出張の報告を忘れていて、さっき課長にレポートをすぐに出すようにと言われたんですけど…。明日ならできると思います。

M：困ったなあ。私もしめきりに遅れるなって部長に言われてるんですよ。これ、全部やるのにどれぐらい時間がかかりますか。

F：うーん…、2時間ぐらいだと思いますが。

M：今始めれば、3時半までに終わりそうですね。じゃあ、申し訳ないんですが、レポートは明日にしてもらいたいと私が課長に頼みますから、先にお願いできませんか。

F：わかりました。

Q 女の人はこの後何をしますか。

②Q 女の学生は明日からどうやって学校へ来ますか。

M（先生）：オウさん、ちょっと。

F：あ、先生。何ですか。

M（先生）：となりのコンビニの店長さんがさっき持ってきてくださったんですが、これ、オウさんのですよね。

F：あ…、はい。すみません。

M（先生）：先月も同じことがありました。あのとき、山田先生はオウさんに何と言いましたか。

F：学校へ自転車で来ないで、歩いて来いと言われました。

M（先生）：そうですよね。この学校には自転車を止める場所がありません。今日

はこの自転車、オウさんに返します。授業が終わったら、講師室に取りに来てください。でも、今度乗って来たら卒業するまで返しません。いいですね。

F：はい。すみませんでした。

Q 女の学生は明日からどうやって学校へ来ますか。

2. ◀096 a.〜 c. のどれですか。

①Q 荷物が重いです。同僚に何と言いますか。

M：a. 1つ持たせていただけませんか。
　　b. 1つ持っていただけませんか。
　　c. 1つ持ってもいいでしょうか。

②Q 受験の前に学校を見てみたいです。電話で何と言いますか。

F：a. 学校を見学していただけませんか。
　　b. 学校を見学したいそうなんですが。
　　c. 学校を見学させていただけませんか。

③Q 急に体調が悪くなったので、早く帰りたいです。課長に何と言いますか。

F：a. 体調が悪いので、早退してもいいでしょうか。
　　b. 体調が悪くて、早退したいようなんですが。
　　c. 体調が悪くなったので、早退させてもいいでしょうか。

Lesson 29 ③　　　　　　ちょうかい

1.
① b　② c　③ b
④ b　⑤ c

2.
① d　② c

＊＊＊＊＊＊＊＊＊＊＊＊＊＊＊＊＊

1. ◀097 a.〜 c. のどれですか。

①M：昨日は雨が降っていたので、レイン

コートを着て、バーベキューをしました。

F：a. レインコートを持って行かなかったんですか。

　　b. 雨が降っていたのに、バーベキューをしたんですか。

　　c. どうしてレインコートを着なかったんですか。

②F：今日は授業で作文を書くのに、辞書を忘れちゃった。どうしよう。

　M：a. 辞書を見て、書いたらどう？

　　b. 辞書を見ないで書いたの？

　　c. 辞書がなくても、書けるんじゃない？

③M：プレゼンのときは資料を見ないで説明するようにしてください。

　F：a. みなさんにプレゼンで説明をするんですか。

　　b. はい。みなさんの顔を見て話せるように練習します。

　　c. はい。説明書は見ません。

④M：あれ？ そのおにぎり、もう食べないの？

　F：a. もうおなかいっぱいなの？

　　b. うん。これ、買いすぎたんだけど、1つどう？

　　c. ちょっと飲みすぎた。もう何も飲めない。

⑤M（不動産屋）：こちらのアパートはいかがでしょうか。駅の前にあって、便利ですよ。

　F：a. すみませんが、駅に近い所をお願いします。

　　b. 駅から遠いし、家賃も高すぎるんですが…。

　　c. 駅から遠くてもいいので、安い所はありますか。

2. ◀098 a.～ d. のどれですか。

①Q 女の人はこの後何をしますか。

M：この前のアンケート調査の結果を見たいんですが。

F：すみません。今、集計しているところです。

M：え？ 今？

F：はい。アンケートのしめきりは昨日だったので、今朝集計を始めたばかりです。

M：あ、アレルギーのアンケートじゃなくて、スポーツのです。

F：ああ、先月のですね。わかりました。ちょっとお待ちください。

Q 女の人はこの後何をしますか。

②Q 男の人は来週ガイドブックをどうしますか。

F：ねえ、この間貸した京都のガイドブック、持って来てくれない？

M：え？ いいけど…。あれ、ぼくにくれたんじゃないの？

F：そんなこと、ぜんぜん言わなかったよ。あげたんじゃなくて、貸したんだよ。

M：え、そうなんだ。もらったと思ってたよ。ごめんね。じゃあ、旅行に行った後でもいい？

F：え？ 先週の週末、行ったんじゃないの？

M：今週だよ。

F：わかった。じゃあ、来週お願いね。

Q 男の人は来週ガイドブックをどうしますか。

Lesson 30 [1]　　　　　ぶんぽう

STEP 1

1.

①この部屋、いいにおいがするね。

②このジュース、薬みたいな味がするよ。

③となりのうちから楽しそうな声がしますね。

2.

①オリンピックは4年に1度行われます。

②金閣寺は1397年に建てられました。

③この歌は世界中で歌われています。

④この図書館は50年前から町の人たちに利用されています。

3.

①Aさんは日本語が上手になってきました。これからどんどん上手になっていくと思います。

②何もしなければ、今後も少しずつ上がっていくだろうと言われています。

③さっきまで落ち着いていたのに、だんだんきんちょうしてきた。

STEP 2

1.

① 1　② 2　③ 4

2.

①そのスープはあまり味がしないからしおを入れたほうがいいです。

②このまんがはいろいろな言語にほんやくされて、世界中で読まれています。

③あの店は半年前に雑誌で紹介されてからお客さんがふえてきたそうです。

STEP 3　（解答例）

①私の国は毎年 正 月に「水かけまつり」が行われています。

②私の国は働く外国人はふえていません。でも、私の国に日本の会社がふえてきました。

STEP 1

1.

①荷物がないので、帰ったんじゃないでしょうか。

②売り方をもう一度考えたほうがいいんじゃないでしょうか。

③10時のバスにのるのは無理なんじゃないでしょうか。

④リさんの出張は今週じゃなくて、来週なんじゃないでしょうか。

⑤え、かぜ薬はコンビニにはないんじゃない?

2.

①約束はぜったいに守るべきです。

②日本で働くなら、敬語を勉強しておくべきだと思います。

③待ち合わせの時間に遅れるべきではありません。（待ち合わせの時間に遅れるべきじゃありません。）

④意見があるなら、会議で言うべきだと思いますよ。

⑤そんな理由でじゅぎょうを休むべきじゃないよ。

STEP 2

1.

①まず、その国の文化や習慣を理解するべきだと思います。

②そんな大事なことはメールで相談するべきじゃないんじゃない?

2.

(1) 4　　(2) 1　　(3) 1

(3) 3

STEP 3　（解答例）

外国へ働きに行くわかい人が多くなってきたことが問題になっています。／国が会社を作って、仕事をふやすべきなんじゃない

69

でしょうか。それが無理なら、外国の会社に来てもらえるように、国がたのんだらいいと思います。

Lesson 30 1　　　　　ちょうかい

1.
① b　　② a　　③ c

2.
① c　　② b

3.
① c　　② a

＊＊＊＊＊＊＊＊＊＊＊＊＊＊＊＊＊

1. ◀099 a.〜 c. のどれですか。

①Q となりの部屋から何か物が落ちたような音が聞こえました。同僚に何と言いますか。

F：a. 今、声がしませんでしたか。
　　b. 今、音がしませんでしたか。
　　c. 今、話をしませんでしたか。

②Q 同僚がコーヒーを飲んでいます。その人に何と言いますか。

M：a. いいにおいがしますね。
　　b. コーヒーをいれましょうか。
　　c. ちょっとにがいですね。

③Q 日本のお菓子をもらって食べてみたら、よくわからない味でした。一緒に食べている人に何と言いますか。

F：a. あまり味がしませんね。
　　b. おいしそうですね。
　　c. 不思議な味がしますね。

2. ◀100 a.〜 d. のどれですか。

①Q 二人はどこで話していますか。

F：ここ、有名な所だと聞いていましたけど、本当に人が多いですね。いつもですか。

M：ええ。世界中から見に来るそうです。

あ、チャムさん、あれですよ。

F：わあ、きれい。

M：本当に立派ですよね。

F：あれ、お城ですか。

M：いえ、お寺です。600年ぐらい前に建てられたそうです。

F：へえ、そうなんですか。建物の前の池もいいですね。

M：そうですね。昔はここで舟に乗って遊ぶ人がいたらしいですよ。

Q 二人はどこで話していますか。

②Q 二人はどこで話していますか。

M：広い所だね。

F：そうでしょう。ここでオリンピックが行われたんだよ。

M：そうなの？ ぼく、初めてなんだけど、大丈夫かなあ。

F：大丈夫。上手な人が楽しむコースだけじゃなくて、初めての人のためのコースもあるから。

M：じゃあ、ぼくは簡単な所でやってみる。

F：うん、そうだね。私が教えるから、心配しないで。まずはあれに乗って、上に行こう。

Q 二人はどこで話していますか。

3. ◀101 a.〜 d. のどれですか。

①Q 説明しているのはどのグラフですか。

F：これはみどり町の人口の変化を表したグラフです。1970年までは5,000人ぐらいの小さい町でしたが、それからだんだん人口が増えて、一番多かった2000年は2万人でした。でも、それからどんどん減ってきました。この原因は、町にあった自動車の工場がなくなってしまったため、そこで働いていた人たちが引っ越してしまったからだと考

えられています。みどり町には大きい会社や工場がないので、今後も人口は減っていくと言われています。そこで、みどり町では空き家を再利用して、町に人を呼ぶアイデアを募集することにしました。詳しいことはみどり町のホームページをご覧ください。

Q 説明しているのはどのグラフですか。

②Q だれのことを話していますか。

F：中田先生、お疲れ様です。

M：あ、青木先生。今月のテストの結果、ちょっと見ていただけないでしょうか。この学生のことなんですけど。

F：はい。何かあったんですか。

M：初めはよかったんですが、少しずつ点数が下がって来たんです。

F：ああ、そうですねえ。でも悪くないと思いますけど。

M：テストだけじゃないんです。先月まではクラスでも自信を持って話していたんですけど、最近は話さなくなってきて…。今後勉強も難しくなっていくので、ちょっと心配なんです。

F：そうですか。じゃあ、一度ゆっくり話してみたほうがいいかもしれませんね。

Q だれのことを話していますか。

Lesson 30 ② ちょうかい

1.
① c   ② a   ③ b

2.
① d   ② c

****

1. 🔊102 a.～c.のどれですか。

①F：このプリンター、変な音がするんです。

　M：a. ここに紙を置いて、このボタンを押すと、ここから紙が出ますよ。

　　b. そうですね。ちょっと静かにしていただけませんか。

　　c. 本当ですね。壊れたんじゃないでしょうか。

②M：課長は今日何時ごろお戻りになるか、知っていますか。

　F：a. さあ、何時ごろか、わかりません。

　　b. さあ、戻られるんじゃないでしょうか。

　　c. いつでもお戻りになってください。

③F：日本人はよく「すみません」って言うけど、悪いことをしてないときにも言うのは、変だよね。

　M：a. 悪いことをしたときは、謝るべきなんじゃない？

　　b. 「すみません」にはいろいろな意味があるんだよ。

　　c. そうだね。日本人みたいだよね。

2. 🔊103 a.～d.のどれですか。

①Q 女の人は土曜日、何をしますか。

M（課長）：サラさん、今日はノー残業デーですよ。あと15分で会社を出てくださいね。

F：わかりました。あのう、課長、すみません。今週の土曜日、仕事に来てもいいでしょうか。

M（課長）：え？ 何をするんですか。

F：来月の会議の資料を作りたいんです。

M（課長）：来月の会議？ まだ時間があるでしょう。休みの日は仕事を忘れて、リフレッシュするべきだと思いますよ。

F：私も久しぶりにうちでゆっくりしたいんですけど…。でも、会議の準備が間に合うかどうか、心配なんです。今日も残業できませんし。

71

M：そうですか。じゃあ、田中さんに手伝っ
てもらいましょう。私から明日言ってお
きます。サラさん、先月は30時間以
上 残業していたし、最近ちょっと疲れ
ているようですからね。

F：わかりました。心配していただいて、あ
りがとうございます。では、よろしくお
願いいたします。

Q 女の人は土曜日、何をしますか。

②Q 女の人はどうして困っていますか。

M：山田さん、赤ちゃんが生まれるの、いつ
ですか。

F：8月です。それで、来月で仕事を辞め
ることにしました。

M：え、辞めなくてもいいんじゃないです
か。私の国では女の人も子育てしなが
ら働いていますよ。

F：私も働きたいです。でも、うちの近くの
保育所は子どもがいっぱいで入れない
んです。

M：「保育所」って何ですか。

F：小学校に入る前の小さい子どもが通うと
ころです。親が仕事をしているとき、子
どもは保育所の先生や友だちと一緒に
遊んだり、食事をしたりするんです。

M：ああ、わかりました。私の国にも保育
所はあります。日本では入れない場合
もあるんですか。うーん。保育所が少
ないんじゃないでしょうか。

F：そうなんです。国は女の人が働きやす
くなるように、保育所をたくさん作るべ
きだと思います。

M：そうですね。私もそう思います。

Q 女の人はどうして困っていますか。